LIGUE DE DÉFENSE CONTRE LES CHEMINS DE FER

Fondée par L. LAMY, Directeur

DIRECTEUR DU « BULLETIN DES TRANSPORTS »

SIÈGE : 8, rue Jacquemont, 8, — PARIS

PROPOSITION DE LOI

Ayant pour objet de modifier l'article 103 du Code de Commerce
concernant la responsabilité des transporteurs

PRÉSENTÉE AU SÉNAT

Par M. Dominique DELAHAYE

le 30 Novembre 1909

APPROBATIONS CHALEUREUSES

ET

TENTATIVES MALADROITES DE DIVERSION

MANŒUVRES A DÉJOUER

15 JANVIER 1910

(Prix 0 fr. 75 franco)

PROPOSITION DE LOI

Ayant pour objet de modifier l'article 103 du Code de commerce

concernant la responsabilité des transporteurs

PROPOSITION DE LOI A SOUTENIR

La nécessité d'une loi. — Notre campagne. — Le Dépôt et le texte du projet. — Approbations enthousiastes. — Tentatives de diversion à déjouer.

Malgré la loi Rabier, deux arrêts de la Cour de cassation en date des 17 mai et 7 juillet 1909, dont on trouvera le texte plus loin, ont posé les principes suivants :

— Que, *sauf indications contraires dans le tarif,* la Cie peut, à son choix et suivant ses seules convenances, fournir aux expéditeurs, (lorsque ceux-ci doivent faire le chargement de leurs marchandises, des wagons quelconques, quelles que soient la nature de la marchandise et les précautions qu'exige son transport;

— Qu'elle peut ainsi fournir de simples *plates-formes* sans *hausses* ni *rebords* pour des transports de pommes, de poires, de pommes de terre, de briques, de tuiles, etc., *en vrac,* ou même pour des animaux : chevaux, bestiaux et autres ; c'est à l'expéditeur à s'arranger pour éviter les chutes et les avaries en cours de route;

— Que la responsabilité de la Compagnie, à ce sujet, *est dégagée* pourvu que la mise en service du wagon ait été régulièrement approuvée ;

— Que la Compagnie, qui n'a pas *à charger* la marchandise, n'est pas obligée de fournir *une bâche* avec le wagon, même pour des transports de marchandises craignant la pluie, la chaleur, le froid : sucre, sel, ciment, plâtre, fourrages, grains, farines, engrais, machines, métaux, liquides, etc... ;

— Que si elle en fournit une c'est à titre gracieux et, par suite, elle n'est pas responsable de son *mauvais état;*

— Que c'est à l'expéditeur *à s'assurer* si la bâche est *en bon état* avant de l'utiliser, et à la refuser dans le cas contraire;

— Que s'il l'a acceptée il ne peut s'en prendre *qu'à lui-même* des avaries qui en ont été la conséquence;

— Qu'enfin la Cie n'est pas tenue de *vérifier* le conditionnement des expéditions dont elle prend charge, ni de donner aux marchandises, en cours de route, les *soins nécessaires à leur conservation;* cette dispense de *vérification* et *de soins* lui permet de soutenir plus facilement, en cas d'avaries, que celles-ci existaient déjà lorsqu'elle en a pris charge.

Notre Ligue ne pouvait rester indifférente en présence d'une jurisprudence aussi scandaleuse, qui allait faire perdre au Commerce et à l'Industrie le bénéfice de la loi qu'ils avaient si vivement réclamée et en faveur de laquelle nous avions nous-mêmes tant combattu.

NOTRE CAMPAGNE

Aussi dès le premier août suivant entreprenions-nous, tant dans le *Bulletin des Transports* que par l'envoi de lettres et de brochures aux corps commerciaux et industriels, une campagne des plus vigoureuses : il nous paraissait nécessaire, en effet, de créer un mouvement d'opinion suffisamment puissant pour déterminer le dépôt et le vote d'une proposition de loi destinée à rendre désormais effective et intangible, par un nouveau remaniement de l'article 103 du Code de commerce, la responsabilité des chemins de fer.

Nous avons eu la vive satisfaction de constater que le succès dépassait nos espérances et que *moins de quatre mois* avaient suffi à notre Ligue pour remplir la première partie de son programme.

Négociants, industriels ou agriculteurs ont compris la nécessité de seconder nos efforts, puisque c'est eux, en fin de compte, qui sont appelés à bénéficier de la réforme que nous demandons. Les approbations, félicitations, remerciements nous ont été adressés de tous côtés ; les concours les plus utiles nous ont été offerts ; et, pour marquer le résultat effectif de cette manifestation, M. le Sénateur Dominique Delahaye d'accord avec notre Ligue a déposé le 30 novembre 1909, sur le bureau du Sénat, une proposition de loi conforme au texte que nous avions préconisé.

C'est pour notre Ligue un réel et important succès ; au nom de tous ses membres, au nom des corps commerciaux qui ont déjà pris des délibérations en faveur des modifications que nous demandons, nous devons adresser ici l'hommage de notre profonde reconnaissance à l'honorable représentant de Maine-et-Loire qui vient donner ainsi, une fois de plus, la preuve de l'intérêt sincère et agissant qu'il porte à la cause du Commerce et de l'Industrie.

M. Dominique DELAHAYE, ancien président de la Chambre de commerce d'Angers, qui, au Sénat, a pris une part importante, notamment par ses discours du 17 mars 1904 et du 14 mars 1905, à la discussion que devait couronner le vote définitif de la loi Rabier, était tout particulièrement qualifié pour prendre l'initiative de la proposition ci-après qui doit permettre à cette loi de produire son plein et entier effet.

L. LAMY.

SÉNAT

ANNÉE 1909

Session extraordinaire

Annexe n° 279 au procès-verbal de la séance du 3o novembre 1909.

PROPOSITION DE LOI

Ayant pour objet de modifier l'article 1o3 du Code de commerce concernant
la responsabilité des voituriers.

Présentée

Par M. DOMINIQUE DELAHAYE

Sénateur

*Renvoyée à la Commission relative aux articles 47, 48, 49 et 5o
du Code de commerce.*

EXPOSÉ DES MOTIFS

Messieurs,

Vous vous rappelez quels sont les principes généraux de la responsabilité des voituriers pour la garde, la conservation, la bonne arrivée à destination des objets qui leur sont confiés.

D'après le Code civil :

« Les voituriers par terre et par eau sont assujettis, pour la garde et la conservation des choses qui leur sont confiées, aux mêmes obligations que les dépositaires » (art. 1782).

« Ils sont responsables de la perte et des avaries... à moins qu'ils ne prouvent qu'elles ont été perdues et avariées par cas fortuit ou force majeure » (art. 1784).

« L'obligation de veiller à la conservation de la chose... soumet celui qui en est chargé à y apporter *tous les soins* d'un bon père de famille » (art. 1137).

D'après l'article 1o3 du Code de commerce :

« Le voiturier est garant de la perte des objets à transporter, hors le cas de la force majeure.

« Il est garant des avaries autres que celles qui proviennent du vice propre de la chose ou de la force majeure.

« Toute clause contraire insérée dans toute lettre de voiture, tarif ou autre pièce quelconque, est nulle. »

Plus spécialement, les entreprises de chemins de fer sont tenues, conformément à l'article 49 de leur cahier des charges (1), « d'effectuer *constamment avec* « *soin*, exactitude et célérité, et sans tour de faveur, « le transport des voyageurs, bestiaux, denrées, ma-

chandises et objets quelconques » qui leur sont confiés.

L'article 5o de l'ordonnance du 15 novembre 1846 impose de même à ces entreprises, l'obligation « d'ef- « fectuer *avec soin*, exactitude et célérité, et sans « tour de faveur, les transports de marchandises, « bestiaux et objets de toute nature » et, en outre, d'après l'article 15 du même règlement, « les locomo- « tives, tenders et véhicules de toute espèce et tout « le matériel d'exploitation » doivent être « constam- « ment maintenus dans un bon état d'entretien ».

Toutes ces prescriptions sont fort anciennes, à l'exception de l'alinéa final de l'article 1o3 du Code de commerce, sur lequel j'aurai à revenir longue- ment tout à l'heure; elles sont logiques et équitables; leur principe a été sanctionné par une jurisprudence très abondante; il semble que dans la pratique du commerce, où les rapports entre intérêts opposés se basent sur une loyauté et une confiance réciproques, leur application ne devrait soulever aucune difficulté.

Un voiturier reçoit une marchandise pour en effectuer le transport et il ne fait aucune observation ni réserve au sujet de son conditionnement ou de son état : il y a présomption que cette marchandise était en bon état et que, sous le conditionnement où elle a été remise, elle devait pouvoir supporter sans dommage le transport que les parties contractantes avaient en vue.

Mais, à l'arrivée, ce voiturier ne peut représenter ladite marchandise au destinataire qu'en partie ou avariée par suite de choc, de mouillure ou de toute autre cause généralement quelconque : il doit être présumé responsable du dommage et tenu d'en réparer les conséquences, à moins qu'il ne prouve que la cause de la perte ou du manquant a été due soit à un événement de force majeure, soit à un vice propre de l'objet transporté. C'est à lui qu'il appartient de prouver la cause de libération qu'il invoque, parce que c'est entre ses mains et sous sa garde que la marchandise est constamment restée; il serait injuste de demander à l'ayant droit (expéditeur ou destina-

---

(1) Il s'agit ici du cahier des charges des chemins de fer d'intérêt général, mais l'article 48 du cahier des charges des chemins de fer d'intérêt local consacre un texte identique. Les mêmes règles sont applicables aux chemins de fer de l'État en vertu de l'article 22 de la loi du 15 juillet 1845.

taire) la preuve de la faute du transporteur, puisqu'ils ignorent les incidents du transport et n'ont aucun moyen de les connaître.

Historique de la loi du 17 mars 1905.

Les Compagnies de chemins de fer avaient réussi à changer tout cela. Avant que l'article 103 du Code de commerce eût reçu, de la loi du 17 mars 1905, l'addition qui forme actuellement son alinéa final, elles avaient introduit dans les conditions d'application de leurs tarifs spéciaux une clause qui était ainsi conçue :

« La Compagnie ne répond pas des déchets et avaries de route. »

A la vérité, cette clause fut tout d'abord jugée illicite et inopérante par la jurisprudence.

« Attendu, disait la Cour de cassation, que les obligations des voituriers ou des entrepreneurs de voitures et de roulage sont réglées en cas d'avarie, par les articles 1784 du Code Napoléon et 103 du Code de commerce. Ces articles ne les autorisent pas à stipuler *qu'ils ne seront pas responsables* de leurs fautes ou de celles de leurs préposés. Une telle stipulation est, à plus forte raison, interdite aux Compagnies de chemins de fer qui ont le monopole des transports des marchandises par les voies dont l'exploitation leur est concédée. » (Arrêt du 26 février 1859.)

« Une dérogation au principe de la responsabilité prévue par l'article 103 du Code de commerce, ajoutait-elle, ouvrirait la porte à la fraude et aux abus en encourageant la négligence des employés et rendrait inutile la protection que la loi a eu pour but d'accorder aux expéditeurs. » (Cass., ch., req., 26 mars 1860.)

« L'expéditeur, disait-elle encore, n'ayant aucun moyen possible de surveillance sur les marchandises transportées, ni en gare, ni en cours de voyage, c'est à la Compagnie à prouver que la perte ou l'avarie ne peuvent être le résultat de sa faute ni de celle de ses agents ou qu'aux termes de la clause litigieuse (clause d'irresponsabilité) sainement entendue, elles proviennent du vice propre de la chose. » (Cass., ch. req., 29 mai 1866.)

Mais le 4 février 1874, la Cour de cassation, inaugurant une jurisprudence nouvelle, décidait que les clauses d'irresponsabilité, sans « affranchir la Com- « pagnie de toute responsabilité pour les fautes com- « mises par elle ou par ses agents », devaient avoir pour résultat, « contrairement aux règles ordinaires, « d'en mettre la preuve à la charge de l'expéditeur ». En d'autres termes, en cas de manquant ou d'avarie, ce n'était plus à la Compagnie à faire la preuve des faits susceptibles de dégager sa responsabilité, mais bien à l'ayant droit à faire la preuve que les manquants ou avaries résultaient d'une faute *précise* et *déterminée* du transporteur.

Comme la preuve de la faute du transporteur était presque toujours impossible, pour les motifs que j'ai indiqués plus haut et que, du reste, la Cour indique elle-même dans son arrêt précité du 29 mai 1866, la prétendue responsabilité des Compagnies se traduisait, dans la pratique, par une irresponsabilité quasi générale et absolue.

La jurisprudence de 1874 s'aggrava, en effet, de

jour en jour; elle devint même tellement excessive que des plaintes universelles s'élevèrent contre elle et motivèrent diverses propositions de réformes qui devaient aboutir au vote de loi du 17 mars 1905.

M le député Fernand Rabier et un certain nombre de ses collègues déposèrent, le 11 juillet 1895, une proposition de loi ayant pour objet d'ajouter à l'article 103 du Code de commerce, dans le but « de « maintenir dans les tarifs spéciaux des Compagnies « de chemins de fer la responsabilité prévue par cet « article », une disposition complémentaire ainsi conçue :

« *Toute clause contraire insérée dans toute lettre de voiture, tarif ou autre pièce quelconque, est nulle.* »

Cette proposition a été votée par la Chambre des Députés, après déclaration d'urgence, le 20 mars 1902, sans discussion.

Il n'en fut pas de même devant vous et la plupart de nos collègues peuvent avoir gardé le souvenir des intéressants débats qui eurent lieu les 17, 18 mars, 23, 27 et 28 décembre 1904, 9, 10 et 14 mars 1905. Au cours de cette discussion, il n'est pas sans intérêt de le rappeler, notre honorable collègue M. Gauthier, alors Ministre des Travaux publics, était amené à apprécier dans les termes suivants les arrêts qui avaient à si juste titre suscité les réclamations du commerce :

« Messieurs, quand je me trouve en face de décisions pareilles, mon bon sens se révolte comme celui, d'ailleurs, de beaucoup d'auteurs, les maîtres estimés qui font autorité en matière de législation de transports.

. . . .

« Jurisprudence arbitraire et injustifiable, disent certains auteurs; inconséquente et illogique, disent certains autres; inique et dommageable à l'intérêt public, disent tous les intéressés de l'agriculture et de l'industrie, avec la majorité des Chambres de commerce.

. . . .

« En fait les arrêts de cassation postérieurs à 1874 apparaissent comme une sorte de compromis favorable aux Compagnies que celles-ci ont obtenu à force de ténacité, d'habileté et de patience » (1).

Aussi une imposante majorité se prononça-t-elle en faveur de la proposition, qui fut adoptée en première délibération, le 18 mars 1904, par 195 voix contre 24 et, définitivement, le 14 mars 1905, par 209 voix contre 24.

En vertu de cette loi, qui porte la date du 17 mars 1905, le texte de l'article 103 du Code de commerce est actuellement celui que j'ai rappelé plus haut :

« Le voiturier est garant de la perte des objets à transporter, hors le cas de la force majeure.

« Il est garant des avaries autres que celles qui proviennent du vice propre de la chose ou de la force majeure.

« *Toute clause contraire insérée dans toute lettre de voiture, tarif ou autre pièce quelconque, est nulle.* »

---

(1) *Journal officiel*, du 11 mars 1905, p. 374.

Effets qu'on était en droit d'attendre de la loi du 17 mars 1905.

L'addition apportée par la loi de 1905 à l'article 103 du Code de commerce devait, dans l'esprit du législateur comme dans celui des promoteurs de la loi, du public qui l'avait réclamée et des Compagnies elles-mêmes appelées à la subir, rendre désormais nulles et inopérantes toutes les clauses d'irresponsabilité des tarifs spéciaux ; les deux premiers paragraphes dudit article étaient appelés à recevoir dans tous les cas leur plein et entier effet ; les Compagnies ne pourraient plus s'exonérer d'avance de la responsabilité des pertes et avaries ; elles en seraient toujours présumées responsables tant qu'elles n'auraient pas fait la preuve que ces pertes et avaries avaient eu pour cause certaine le vice propre de la chose transportée, la force majeure ou encore la faute de l'expéditeur.

En d'autres termes, suivant une expression qui a été beaucoup employée lors des discussions auxquelles la loi de 1905 a donné lieu, *le fardeau de la preuve était renversé* : tandis que, depuis 1874, la Cour de cassation exigeait, sous le régime des clauses d'irresponsabilité, que le demandeur en dommages-intérêts pour perte ou avarie fît la preuve de la faute qui avait causé le dommage, désormais le voiturier devait, pour être exonéré de sa responsabilité toujours présumée, faire la preuve que la perte ou l'avarie constatée ne lui était pas imputable.

Même, ainsi que l'a fait fort justement remarquer **M. L. Lamy** dans le *Bulletin des Transports* du 1er juillet 1905, puis dans les sixième et septième éditions de son *Manuel pratique des transports*, de même que la Cour de cassation demandait antérieurement « aux expéditeurs de faire la preuve des faits « précis et déterminés constituant la faute susceptible d'engager la responsabilité de la Compagnie », on pouvait espérer que, sous l'empire du nouvel article 103, elle demanderait aux Compagnies « lorsqu'elles se prétendraient irresponsables, la preuve « des faits précis et déterminés desquels pourrait « résulter cette irresponsabilité ».

Il est à remarquer que les Compagnies étaient tout d'abord tellement convaincues qu'il en serait bien ainsi, que dès la promulgation de la loi de 1905 elles ont donné à leurs gares les instructions les plus sévères en ce qui concerne la reconnaissance tant des colis de détail que des expéditions par wagons complets. On lit, par exemple, dans ces *instructions*, dont quelques extraits font l'objet de l'annexe n° 1 du présent exposé des motifs :

« Quel que soit le tarif appliqué, les transporteurs sont désormais présumés responsables en cas de perte ou d'avarie, à moins qu'il n'y ait force majeure, cas fortuit, vice propre de la chose ou faute de l'expéditeur...

« Les agents chargés de la réception et de la reconnaissance devront... ne pas perdre de vue que l'acceptation pure et simple par eux d'une marchandise présentée à l'expédition peut engager la responsabilité de la Compagnie...

« Tous les chargements effectués par le public... devront, avant d'être acceptés, faire l'objet d'un très sérieux examen. On devra... s'assurer... que la marchandise est en bon état, que l'arrimage est bien conditionné et, le cas échéant, que le bâchage est bien fait... »

Voilà bien, reconnues par les Compagnies dans leurs propres instructions, les nouvelles conditions de la responsabilité qui pèse sur elles : la réception des expéditions sans réserve engage cette responsabilité et la présomption est toujours contre le transporteur.

Vous trouverez également plus loin, Messieurs, en une annexe portant le n° 2, l'avis émis par le Comité consultatif des chemins de fer, le 9 mai 1907, au sujet d'une demande des Compagnies tendant à être autorisées à insérer dans leurs tarifs des clauses autorisant le transport de certaines marchandises sur wagons découverts. Cet avis est précédé de celui qu'avait émis la commission spéciale dudit comité, chargée de l'étude de cette question, et vous serez frappés, à la lecture de ce dernier document, de la précision et de la fermeté avec lesquelles la Commission spéciale se prononce sur l'étendue de la responsabilité des chemins de fer en cas de transport sur wagons chargés et bâchés par l'expéditeur.

« Le chargement et le bâchage finis et le wagon reçu par les agents du chemin de fer, dit-elle; la responsabilité de la Compagnie *doit commencer* et elle *doit être entière aussi*, pour les pertes et les avaries survenant dans les gares, en cours de route, dans les lieux de stationnement et de dépôts du chemin de fer, c'est-à-dire tant que la marchandise est entre ses mains et elle doit en subir les conséquences, si elle ne peut *prouver* qu'elle lui a donné *tous ses soins*, qu'elle a fait *tout ce qui était possible* pour la préserver des intempéries et accidents et que l'avarie provient de la nature périssable de la marchandise incapable de supporter sans détérioration la durée légale du transport ou d'un défaut d'emballage qu'elle ne pouvait voir, ou d'un cas de force majeure. »

Seriez-vous portés à croire à quelque exagération, quelque légèreté, quelque passion peut-être de la part de l'auteur de cet avis ? Je vous lirais la liste des membres de la Commission spéciale, liste qui est donnée en note sous l'annexe précitée du présent exposé et en tête de laquelle vous verrez figurer notre honorable collègue, M. Waddington, dont chacun de nous connaît la compétence sur les questions de chemins de fer ; je vous rappellerais aussi que M. Gauthier, dans le discours du 10 mars 1905, auquel j'ai eu l'avantage de faire un emprunt, disait du Comité consultatif des chemins de fer que « sa modération et sa prudence sont légendaires ».

Au reste, en ce qui concerne cette question de la fourniture du matériel, des soins de route et du bâchage des wagons découverts, qui doit retenir plus longtemps votre attention parce qu'elle fera tout à l'heure l'objet principal de mon argumentation, **M. L. Lamy** fait remarquer dans le *Bulletin des Transports* du 1er novembre dernier, p. 164, colonne 1, que, même sous l'empire des clauses de non garantie antérieures à la loi du 17 mars 1905, la Cour de cassation avait, dans un certain nombre d'arrêts, consacré les véritables principes de la responsabilité des Compagnies.

Vous trouverez ci-après, dans une annexe n° 3, cinq extraits de ces arrêts, qui peuvent se résumer ainsi :

Arrêt n° I, du 16 février 1870, constatant la faute de la Compagnie qui, effectuant le transport d'une marchandise en wagons découverts, ne prend pas, « pour la conservation de cette marchandise, les « précautions que peuvent commander les circonstances survenant au cours du transport ».

ARRÊT n° II, du 27 décembre 1881, admettant la responsabilité de la Compagnie pour « le mauvais « état du matériel fourni aux expéditeurs et notam- « ment l'insuffisance des bâches qui recouvraient des « foins ».

ARRÊT n° III, du 24 mai 1882, déclarant qu'il y a faute de la part d'une Compagnie et infraction à ses obligations lorsqu'elle transporte des avoines « en « wagons découverts garnis de bâches en mauvais « état et disposées de façon à retenir la pluie plutôt « qu'à en préserver les marchandises ».

ARRÊT n° IV, du 29 février 1892, d'après lequel les conditions d'un tarif « tout en autorisant implicite- « ment le transport sur wagons découverts, n'exo- « nèrent point néanmoins la Compagnie des obliga- « tions qui incombent à tout transporteur et notam- « ment de celle de donner aux marchandises les « soins généraux et ordinaires nécessaires pour leur « conservation, lorsque ces soins sont compatibles « avec les nécessités du service réglementaire ».

ARRÊT n° V, du 7 mai 1907, déclarant que si le tarif régissant le transport porte que le chargement au départ doit être fait par les soins des expéditeurs, la Compagnie « n'en est pas moins tenue de fournir « à ceux-ci un matériel qui en garantisse la sécurité ».

La jurisprudence actuelle.

Après les principes fondamentaux que je viens de poser, les citations que je viens de faire, les arrêts que je viens de rappeler, vous serez confondus d'é- tonnement, Messieurs, en lisant les arrêts de la Cham- bre des requêtes, en date des 17 mai (1) et 7 juil- let (2) dernier que vous trouverez, l'un dans la colonne de droite de l'annexe n° 4, l'autre dans l'annexe n° 5.

Aux termes de ce dernier arrêt notamment, il suffit que l'expéditeur soit tenu d'effectuer le chargement de ses marchandises pour que la Compagnie n'ait *aucune obligation* de lui fournir une bâche et n'en- coure *aucune responsabilité* à raison des avaries dues à la défectuosité de la bâche qu'elle aurait fournie sans y être tenue de par le tarif appliqué. Tel serait le cas, par exemple, pour les ciments sur le P.-L.-M., pour les sucres sur l'État, l'Orléans et le Midi ; si par suite de la défectuosité d'une bâche fournie par la Compagnie, la marchandise a été mouillée, les sucres fondus, les ciments transformés en blocs inutilisables, c'est, d'après la Cour de cassa- tion, la faute de l'expéditeur.

Je puis, d'ailleurs, résumer les deux arrêts précités en disant que, d'après cette jurisprudence :

La Compagnie est libre de fournir aux expéditeurs des wagons *découverts* même pour le transport de marchandises craignant les intempéries : pluie, vent, gelée, soleil, etc., etc. ;

La responsabilité de la Compagnie, à ce sujet, *est dégagée* pourvu que la mise en service du wagon ait été régulièrement approuvée ;

Libre de fournir un wagon *découvert*, elle n'est pas *obligée* de fournir une bâche pour préserver la mar- chandise des intempéries ;

Si elle en fournit une, c'est à titre gracieux, et, par suite, elle n'est pas responsable de son *mauvais état* ;

Il est du devoir de l'expéditeur de s'assurer que la bâche fournie est en bon état avant de l'utiliser et de la refuser si elle ne l'est pas ;

S'il l'a acceptée, il ne peut s'en prendre *qu'à lui- même* des avaries qui en ont été la conséquence ;

Enfin, la Compagnie n'est pas tenue *de vérifier* l'état du chargement et du bâchage *au départ* ni de le modifier en cours de route ;

En d'autres termes, les administrations de chemins de fer seraient dispensées non seulement de fournir un matériel en bon état répondant au transport con- sidéré, mais encore de vérifier le conditionnement du chargement effectué par l'expéditeur et de donner aux marchandises les soins nécessaires à leur conser- vation, soins qui leur sont cependant imposés en termes exprès par leurs cahiers des charges et par l'article 50 de l'ordonnance de 1846.

On arrive ainsi à cette conséquence parfaitement ridicule et inadmissible qu'une compagnie pourrait valablement fournir de simples plates-formes sans hausses ni rebords pour le transport en vrac des pommes, poires, pommes de terre, briques, tuiles, etc., ou même pour des animaux : chevaux, bestiaux et autres ; des wagons *découverts* et *sans bâches* pour des transports de marchandises craignant la pluie, la chaleur, le froid : sucre, sel, ciment plâtre, fourrages, grains, farines, engrais, machines, métaux, liquides, etc....

Enfin, quand elle aurait daigné consentir la four- niture de *bâches*, elle n'encourrait aucune responsa- bilité à raison de la défectuosité de ces bâches, même *percées* comme des écumoires !

Ce sont précisément les anomalies de ce genre qui avaient donné lieu aux réclamations qui détermin- èrent le vote de la loi du 17 mars 1905 ; et, en effet, si voulez bien vous reporter au tableau qui fait l'objet de l'annexe n° 4 ci-après, vous verrez que les consi- dérants de l'arrêt du 17 mai 1909 ne sont qu'une re- production de ceux d'un arrêt du 24 juillet 1906 ren- du au sujet d'une expédition à laquelle s'appliquait une clause d'irresponsabilité qui a été en vigueur depuis le 1er janvier 1901 jusqu'au moment de l'ap- plication de la loi du 17 mars 1905.

La clause d'irresponsabilité a dû disparaître comme contraire par ses termes à l'actuel article 103 du Co- de de commerce. Mais il est resté et quelquefois même il s'est introduit depuis dans les tarifs des dispositions qui, sous une apparence de modalité de transport ou sous prétexte de mettre certaines opé- rations à la charge de l'expéditeur, aboutissent dans certains cas, grâce aux subtilités de la jurisprudence, à une irresponsabilité aussi complète que précédem- ment.

Protestations du commerce.

En présence de tels faits on ne saurait s'étonner que de nombreuses protestations se soient immédia- tement produites.

Dès le 16 septembre 1909, la Chambre de commerce de Mazamet adoptait sur le rapport de l'un de ses membres (dont vous trouverez le texte dans l'annexe n° 6 ci-après), des conclusions tendant à substituer à l'article 103 du Code de commerce, tel qu'il résulte actuellement de la loi du 17 mars 1905, un texte nouveau, plus précis et plus complet, préconisé par la *Ligue de défense contre les chemins de fer*.

---

(1) Publié dans le *Bulletin des Transports* du 1er juillet 1909, pp. 98-99.
(2) Publié dans le *Bulletin des Transports* du 1er août 1909, p. 122.

La même réforme comportant le même texte a également été demandée déjà par les chambres de commerce d'*Amiens*, d'*Arras*, d'*Aubenas*, de *Béziers*, de *Bougie*, de *Castres*, de *Chartres*, de *Dieppe*, du *Havre*, de *Mende*, de *Montauban*, de *Nice*, d'*Oran*, de *Rouen* (dont notre honorable collègue M. Waddington est le président), de *Saint-Etienne*, de *Thiers* ; par la Société pour la défense du commerce et de l'industrie de *Bordeaux*, la Chambre des négociants de *Saint-Etienne* et l'Union commerciale et industrielle de la ville de *Nîmes* ; les corps commerciaux qui ne se sont pas encore prononcés sur cette question l'ont mise à l'ordre du jour de l'une de leurs prochaines séances (1) et, d'autre part, on peut lire dans une délibération de la chambre de commerce de Grenoble en date du 29 octobre dernier :

« De tous côtés, s'organisent des meetings de protestation : à Béziers, c'est l'Association des entrepositaires du Midi qui prend l'initiative d'un vaste pétitionnement demandant au Parlement un remède à la situation ; sur le réseau Paris-Lyon-Méditerranée, les chambres syndicales des fabricants de chaux hydrauliques et ciments du Sud-Est de la France, de la vallée du Rhône, les importants groupements de l'Isère, de l'Ain, de la Savoie... »

Nécessité d'une réforme législative.

Le mouvement dont je viens d'avoir l'honneur de vous entretenir mérite, Messieurs, d'être pris en très sérieuse considération : la loi du 17 mars 1905 devait, en effet, d'après les renseignements apportés à la tribune du Sénat, le 28 novembre 1905, par le Ministre des Travaux publics, M. Gauthier, décharger l'ensemble des expéditions « d'une somme qu'on avait « évaluée à 80 millions par an » (2) ; le commerce subirait donc des pertes importantes si pouvait se continuer la jurisprudence des arrêts du 17 mai et du 7 juillet derniers, et les plaintes qu'il fait entendre à cet égard sont des plus justifiées.

D'autre part, les termes mêmes des arrêts précités ne laissent aucun doute sur la volonté consciente et déterminée de la part de la Cour de cassation, de persister dans cette jurisprudence, que certains tribunaux ou cours ont déjà adoptée et qui, par la suite, s'imposerait nécessairement à tous.

Dans ces conditions, une seule ressource nous reste : c'est de donner au texte de l'article 103 du Code de commerce une précision et un développement tels qu'il ne soit plus possible d'en faire une interprétation si éloignée des principes de responsabilité que le Parlement, cédant au vœu unanime de la nation, avait voulu définitivement consacrer.

Le texte proposé par la Ligue de défense contre les chemins de fer (sous le bénéfice d'une légère modification que cette Ligue reconnaît elle-même pouvoir être utilement apportée à l'un de ses paragraphes paraît susceptible de remplir complètement ce but et c'est pourquoi j'aurai l'honneur de le soumettre, tout à l'heure, à votre haute approbation.

La jurisprudence à laquelle il convient de mettre un terme autorise les Compagnies à fournir le matériel suivant leur seule convenance et même lorsque l'obligation de faire le chargement incombe à l'expéditeur, elles pourraient fournir, pour des marchan-

dises craignant la mouille, des wagons découverts sans bâches ou dont les bâches ne seraient pas suffisamment étanches ; elle les exonère, d'autre part, des conséquences de ce choix.

Le premier alinéa du nouvel article 103 du Code de commerce stipulera que le voiturier doit employer ou fournir pour le transport un matériel qui réponde aux exigences de la marchandise et qui, constamment maintenu en bon état, conformément aux prescriptions de l'article 15 du règlement de 1846-1901, en assure la parfaite conservation ; à la faveur de cette stipulation nouvelle, les Compagnies pourront bien continuer d'employer, dans un grand nombre de cas, des wagons découverts, comme c'est leur droit incontestable et incontesté, mais du moins devront-elles fournir en même temps une bâche en bon état si ce mode de protection est nécessaire à la conservation de la marchandise.

Le deuxième alinéa précisera en termes exprès que seul le vice propre affectant *les objets* transportés *eux-mêmes* est susceptible d'exonérer le voiturier.

On a vu, en effet, la Cour d'appel de Nîmes admettre implicitement, dans un arrêt du 12 mai 1908 (*Bulletin des Transports*, 1er juillet 1908), que la *défectuosité* ou l'*insuffisance de bâches* constitue le vice propre de la chose.

« Attendu, dit cet arrêt, que la correspondance versée aux débats établit bien que la mouillure de ces 74 balles (de paille) provient de la *défectuosité* des bâches *ou* de leur *insuffisance* ;

« Attendu qu'il importe peu que ces bâches aient été fournies par la Compagnie P.-L.-M. ; qu'il a été souverainement jugé par la Cour de cassation que cette fourniture est purement gracieuse et que la Compagnie serait libre de ne point la faire ; qu'il suit de là que l'expéditeur est tenu de se procurer, par les meilleurs moyens en son pouvoir, une couverture de sa marchandise capable de la mettre à l'abri de la pluie ; et qu'il doit subir les avaries dérivant d'un bâchage insuffisant ;

« Attendu que la Compagnie démontre bien, dans l'espèce, que l'avarie par la pluie est provenue du vice propre de la chose ; que les pailles de maïs dont s'agit demandaient, par leur nature propre et pour ne subir aucune avarie, à être solidement bâchées ; que l'expéditeur avait pris à sa charge la couverture complète et solide de sa marchandise ; qu'il a, par un bâchage insuffisant, soumis sa marchandise aux détériorations que la pluie pouvait entraîner ; qu'il est dès lors vrai de dire que cette marchandise a été avariée en raison d'un *vice propre* à sa nature. »

La précision nouvelle apportée à l'article 103 du Code de commerce parera à toute surprise de cette nature.

L'expérience de l'arrêt du 17 mai 1909 a démontré qu'une Compagnie peut, après transport, dégager sa responsabilité au moyen de simples allégations ayant trait à l'état ou au conditionnement de la marchandise lors de la remise au transporteur. Un troisième alinéa nouveau stipulera que l'acceptation sans réserve de la marchandise, soit en colis de détail, soit par wagon complet, équivaut à la reconnaissance, de la part du voiturier, du bon état et du bon conditionnement de cette marchandise en vue du transport dont elle doit faire l'objet.

C'est là un principe de droit commun, que les

---

(1) Voir plus loin, p. 17, ceux qui se sont prononcés depuis.

(2) *Journal officiel* du 29 novembre 1905, p. 3569.

Compagnies reconnaissent du reste dans les instructions dont un extrait fait l'objet de l'annexe n° 1 au présent exposé des motifs.

D'autre part, la Cour de cassation a jugé, notamment le 26 décembre 1906, que les réserves faites par le destinataire au moment de la livraison des marchandises sont inopérantes si elles n'ont pas été *« acceptées par le transporteur »* ; par une juste réciprocité la disposition relative aux réserves au départ aura soin de prévoir que lesdites-réserves ne pourront être valables qu'autant qu'elles auront été *acceptées par l'expéditeur*. On renverra, en outre, au premier alinéa de l'article 106 pour la procédure à suivre en cas de contestation au sujet de la réception, par le voiturier, des objets *à transpórter* : cet article règle déjà la procédure « en cas de refus ou de « contestation pour la réception (par le destinataire) « des *objets transportés* ».

Enfin, aux termes du paragraphe final ajouté par la loi du 17 mars 1905 à l'article 103 du Code de commerce, qui pose le principe de la responsabilité du voiturier « toute clause contraire insérée dans « toute lettre de voiture, tarif ou autre pièce quelconque, est nulle ».

Mais, ainsi que je l'ai déjà dit, en dehors des *clauses* qui par leurs termes seraient contraires audit article 103, les Compagnies introduisent dans leurs tarifs des *dispositions* qui, sous une apparence de conditions ou de modalité du transport, aboutissent pratiquement à une irresponsabilité, plus ou moins complète.

C'est ainsi, par exemple, que les Compagnies ont tout récemment obtenu l'autorisation d'introduire dans les tarifs P. V. n°ˢ 126 (fûts vides), 123 et 323 (fourrages) une disposition ainsi conçue (1) :

« Le transport aura lieu en *wagons découverts*.

« L'expéditeur a la faculté de couvrir la marchandise au moyen de bâches lui appartenant ou louées par lui et dont il doit indiquer, sur sa déclaration d'expédition, les marques et numéros. Ces bâches doivent porter, d'une manière très apparente, les marques suffisantes pour en permettre la réexpédition. Leur retour au point de départ est fait sur la demande du destinataire ; il est effectué gratuitement et ne donne lieu qu'à la perception des frais d'enregistrement et des droits fiscaux.

« Les administrations se chargent d'ailleurs de fournir des bâches à raison de 50 centimes par bâche plus un demi-centime par kilomètre taxé à charge, avec minimum de perception de 1 franc par bâche.

« La demande des bâches doit être faite en même temps que la demande des wagons qu'elles doivent recouvrir.

« Dans tous les cas, le bâchage et le débâchage de chaque wagon doivent être effectués par les soins et aux frais de l'expéditeur et du destinataire. »

Ces dispositions ne sont pas contraires à la lettre de l'article 103 actuel du Code de commerce, mais pratiquement elles produisent les mêmes effets qu'une clause d'irresponsabilité et on peut les assimiler complètement, au point de vue de ces effets, à la clause du tarif P.-V. 8 P.-L.-M, au sujet de laquelle la Cour de cassation a statué dans les termes suivants, le 16 janvier 1895 :

« Attendu que, par une clause spéciale au bâchage des charbons de bois, le tarif spécial P. V. 8 dispose que « si les expéditeurs désirent que les charbons de « bois *soient bâchés* ils doivent en faire la demande « sur leur déclaration d'expédition » ; qu'aux termes de cette clause les expéditeurs, en cette hypothèse, doivent acquitter un supplément de prix variable suivant qu'ils fournissent ou non les bâches; qu'il résulte de l'ensemble de ces dispositions que le transporteur *a voulu s'exonérer* exceptionnellement de la responsabilité des avaries résultant du défaut de bâchage et la laisser tout entière à *la charge de l'expéditeur qui a sciemment négligé* de faire la réquisition prescrite. » (Compagnie P.-L.-M. contre Bouillot.)

On peut en dire autant de toute disposition stipulant que « le transport aura lieu en wagons découverts » et s'appliquant à des marchandises susceptibles d'être avariées par les intempéries ; ce sont là de véritables clauses de non-garantie ayant pour but d'instituer en faveur du transporteur une « présomption d'irresponsabilité », ainsi que le reconnaît le Comité consultatif des chemins de fer dans l'avis du 9 janvier 1907, qui est publié à la fin de l'annexe n° 2 jointe ci-après.

Il convient donc de prononcer expressément la nullité de toute *clause* ou *disposition* pouvant avoir pour effet de supprimer ou d'atténuer la responsabilité du voiturier ou de le dispenser de donner aux objets qui lui sont confiés les soins nécessaires à leur conservation.

Vous pourrez remarquer qu'aucune des additions proposées n'entraînera, pour les Compagnies de chemins de fer, des obligations nouvelles en sus de celles résultant dès maintenant de l'interprétation naturelle des textes en vigueur. Ces obligations, que j'ai rappelées plus haut, certaines décisions de la jurisprudence les ont consacrées (V. annexe n° 3) et les Compagnies reconnaissent, dans leurs propres instructions, y être tenues (V. annexe n° 1).

Il ne s'agit, en définitive, que de ramener la jurisprudence au respect des intentions du législateur et de réaliser le but que poursuivait le Parlement lorsqu'il a voté la loi du 17 mars 1905.

J'ai donc l'honneur, Messieurs, de vous présenter la proposition de loi suivante :

---

(1) Homologation des 3 et 13 mai 1909. (*Journal officiel* des 14 et 21 juin.)

PROPOSITION DE LOI

L'article 103 du Code de commerce est remplacé par le texte suivant

Art. 103. — Le voiturier est tenu d'employer ou de fournir pour le transport un matériel approprié à la nature des objets et qui soit susceptible d'assurer leur arrivée à destination en bon état de conservation.

Il est garant de la perte des objets à transporter, hors les cas de la force majeure, et des avaries autres que celles qui proviennent de la force majeure ou du vice propre des objets transportés eux-mêmes.

Il est réputé avoir reçu ces objets en bon état et bien conditionnés à moins qu'il n'ait fait des réserves au moment de leur réception et que ces réserves aient été acceptées par l'expéditeur. En cas de contestation à ce sujet, il sera procédé pour la vérification desdits objets conformément aux prescriptions du premier alinéa de l'article 106 du Code de commerce.

Toute disposition ou clause contraire, par ses termes ou par ses effets, à celles qui précèdent, insérée dans toute lettre de voiture, tarif ou autre pièce quelconque, est nulle.

ANNEXE N° 1

EXTRAIT DES INSTRUCTIONS

adressées par les Compagnies de chemins de fer à leurs agents à la suite de la promulgation de la loi du 17 mars 1905.

(D'après le *Manuel pratique des transports*, de M. L. Lamy,

7e édition, p. 47 et suivantes).

« Une loi, en date du 17 mars 1905, a ajouté à l'article 103 du Code de commerce ainsi conçu :

« Le voiturier est garant de la perte des objets à « transporter, hors le cas de la force majeure. Il est « garant des avaries autres que celles qui proviennent « du vice propre de la chose ou de la force ma- « jeure »,

La disposition suivante :

« Toute clause contraire insérée dans toute lettre « de voiture, tarif ou autre pièce quelconque, est « nulle. »

Par conséquent, quel que soit le tarif revendiqué et appliqué, les transporteurs sont désormais présumés responsables en cas de perte ou d'avarie, à moins qu'il n'y ait force majeure, cas fortuit, vice propre de la chose ou faute de l'expéditeur et sauf, bien entendu, le cas où la constatation de l'avarie se produit après que la marchandise est sortie des mains des transporteurs.

. . . .

RECONNAISSANCE ET RÉCEPTION DES EXPÉDITIONS DE
DÉTAIL

Aux termes des articles 47 des conditions générales d'application des tarifs G. V. et 43 des conditions générales d'application des tarifs P. V.

« Les Compagnies ne sont pas tenues d'accepter non emballées les marchandises que le commerce est dans l'usage d'emballer. Elles ne sont pas tenues, non plus, d'accepter les marchandises dans un emballage défectueux, ni celles qui présentent une trace évidente de détérioration. »

Plus que jamais, les agents chargés de la réception et de la reconnaissance devront bien se pénétrer des règles ci-dessus rappelées et ne pas perdre de vue que l'acceptation pure et simple par eux d'une marchandise présentée à l'expédition peut engager la responsabilité de la Compagnie et que, par suite, il est très important qu'ils procèdent à un examen attentif et minutieux de l'état de la marchandise et de son emballage.

Lorsque cet examen fera constater une défectuosité constituant le vice propre de la chose, on devra procéder de la façon suivante :

Si le colis peut être remis en état, on devra inviter l'expéditeur à faire le nécessaire.

En cas d'impossibilité ou de refus de la part de l'expéditeur de remettre le colis en état, on devra exiger que la déclaration soit libellée par lui de manière à dégager la responsabilité de la Compagnie. Les indications à porter, dans ce cas, sur la déclaration, ne devront plus prendre la forme d'une garantie ou d'une décharge de responsabilité, dont la valeur pourrait être contestée d'après les termes de la nouvelle loi, mais devront consister exclusivement en un état descriptif de la marchandise ; ainsi, par exemple, l'expéditeur écrira sur la déclaration même :

« Deux fûts vin dont un n°..., en vidange de tant ; un fût vide ayant un peigne cassé, deux cercles manquants ; une caisse verrerie sonnant la casse ; un meuble non emballé ; une table ayant un pied cassé ; etc...

. . . .

SURVEILLANCE A EXERCER SUR LES CHARGEMENTS PAR
WAGON COMPLET EFFECTUÉS PAR LE PUBLIC.

Tous les chargements effectués par le public, soit en gare, soit sur embranchement particulier, voies de quai, etc..., devront, avant d'être acceptés, faire l'objet d'un très sérieux examen. On devra non seulement s'assurer que ces chargements sont faits de telle sorte qu'ils ne peuvent occasionner aucune avarie au matériel et ne présentent aucun danger pour la circulation, mais encore que la marchandise est en bon état, que l'arrimage est bien conditionné et, le cas échéant, que le bâchage est bien fait.

A cet égard, il conviendra de se reporter aux instructions de la Compagnie n°... qui indiquent quels sont les meilleurs modes de chargement et de bâchage à adopter.

Si l'examen dont il s'agit révélait un mauvais état de la marchandise, bris, mouille, fermentation, etc., etc., on procéderait ainsi qu'il est prescrit par la présente circulaire au sujet de la réception et de la reconnaissance des marchandises de détail, c'est-à-dire que l'on exigerait de l'expéditeur qu'il mentionne lui-même, sur la déclaration d'expédition, l'état descriptif de la marchandise, mentions qui seraient reproduites au décalque à la fois sur le récépissé à l'expéditeur et sur le récépissé au destinataire.

Lorsque le chargement ou le bâchage ne répondra pas aux conditions du transport et à sa durée, la gare devra indiquer à l'expéditeur en quoi le chargement ou le bâchage est défectueux, au point de vue de la conservation de la marchandise, et l'inviter à le rectifier. Si le chargement ou le bâchage présente du danger pour la circulation, il y aura lieu d'opposer un refus formel à l'exécution du transport tant que le chargement n'aura pas été rectifié.

Si, malgré son insistance, la gare ne pouvait obtenir de l'expéditeur qu'il apporte au chargement la rectification nécessaire, ou qu'il inscrive une mention sur la déclaration d'expédition par laquelle il reconnaît lui-même que le chargement est mal conditionné, elle devrait s'adresser au commissaire de surveillance de sa circonscription, ou, à défaut, faire appel à deux personnes compétentes étrangères à la Compagnie, pour faire constater les défectuosités du chargement ou du bâchage sans appréciation de ces défectuosités et les faire consigner sur un état descriptif, dont copie serait annexée à la déclaration d'expédition et envoyée à la gare destinataire.

ANNEXE N° 2

AVIS DU COMITÉ CONSULTATIF DES CHEMINS DE FER.

Sur une proposition des Compagnies tendant à l'insertion, dans leurs tarifs, de clauses autorisant le transport de certaines marchandises sur wagons découverts.

1° Avis de la Commission spéciale (1) chargée de l'étude de la proposition (Extrait).

La loi est la loi, elle doit être respectée et observée dans toutes ses conséquences par tous, par les Compagnies de chemins de fer surtout, puisqu'elles constituent, on ne doit jamais l'oublier, un service public et exercent un monopole.

La loi a voulu qu'il n'y eût qu'une seule règle aussi bien pour les Compagnies de chemins de fer que pour les transporteurs par terre et par eau, et que celles-là revinssen tà la véritable notion de leur rôle.

La Commission n'a jamais songé à amoindrir les droits des Compagnies, mais elle ne saurait diminuer leurs devoirs; elle s'est occupée uniquement des mesures à prendre pour l'exécution stricte et loyale de la loi nouvelle.

Comme transporteurs, les Compagnies ont le droit incontestable de se servir des véhicules qui sont le plus à leur convenance; elles peuvent, suivant les cas, employer des wagons couverts ou des plates-formes ou des wagons-découverts; l'expéditeur n'a rien à redire à ce choix, ce n'est pas à lui à imposer aux Compagnies ce qui leur plaît ou leur convient, ni à leur apprendre leur métier. Il n'a qu'à renseigner exactement les agents sur la nature, la fragilité et la résistance de la marchandise aux intempéries.

Les Compagnies peuvent demander au public par leurs tarifs, comme par le passé, de faire le chargement, le déchargement, le bâchage et le débâchage du wagon, sauf, bien entendu, à lui tenir compte des frais de bâchage et de débâchage comme elles font pour le chargement et le déchargement quand ils sont faits par les expéditeurs et les destinataires.

Mais de ce que des tarifs autorisent les Compagnies à faire effectuer le chargement, le déchargement, le bâchage et le débâchage des wagons par les expéditeurs et les destinataires, il ne s'ensuit pas que celles-ci soient ou doivent être exonérées de toute responsabilité en cas d'avarie ou de perte.

Que les expéditeurs soient responsables des accidents ou avaries survenant pendant les opérations de chargement et de bâchage faites par leurs ouvriers, on ne saurait, — à mon avis, — y contredire, la responsabilité de l'expéditeur est entière dans ce cas, et, pour s'exonérer des conséquences résultant d'un accident de personne ou de détérioration de la marchandise pendant l'opération matérielle du chargement et du bâchage, il doit faire la preuve que l'accident ou les dégâts proviennent de l'outillage insuffisant ou défectueux mis par la Compagnie à sa disposition ou à celle de ses ouvriers, d'un vice de construction, etc.

Mais le chargement et le bâchage finis et le wagon reçu par les agents du chemin de fer la responsabilité de la Compagnie doit commencer et elle doit être entière aussi, pour les pertes et les avaries survenant dans les gares, en cours de route, dans les lieux de stationnement et de dépôts du chemin de fer, c'est-à-dire tant que la marchandise est entre ses mains et elle doit en subir les conséquences, si elle ne peut prouver qu'elle lui a donné tous ses soins, qu'elle a fait tout ce qui était possible pour la préserver des intempéries et accidents et que l'avarie provient de la nature périssable de la marchandise incapable de supporter sans détérioration la durée légale du transport ou d'un défaut d'emballage qu'elle ne pouvait voir, ou d'un cas de force majeure.

Chacun doit avoir la responsabilité de ses actes : c'est le droit commun. Aussi la mention, dans les tarifs, des mots « aux risques et périls des expéditeurs et des destinataires », quand ceux-ci sont chargés du chargement, du déchargement, du bâchage et du débâchage, ne saurait avoir d'autre signification; si elle en avait une autre, celle d'exonérer les Compagnies de leur part de responsabilité, elle serait contraire à l'article 103 du Code de commerce. Dans un cas comme dans l'autre, elle ne saurait donc être maintenue, pour rester dans la lettre aussi bien que dans l'esprit de la loi nouvelle, d'après toutes les discussions auxquelles celle-ci a donné lieu dans le Parlement.

On ne peut trop le dire, le devoir essentiel, primordial des Administrations de chemins de fer est d'assurer, par tous les moyens, la conservation de la marchandise qui leur est confiée; elles doivent la traiter comme si elle était leur et la délivrer au destinataire dans l'état où elles l'ont reçue: de là découlent forcément pour elles des obligations professionnelles multiples; quels que soient le véhicule employé et le mode de chargement, elles doivent, dans leur intérêt même, puisqu'elles sont rigoureusement tenues de conserver la marchandise en bon état, prendre toutes les mesures propres à protéger celle-ci contre les accidents, les intempéries et toutes autres causes pouvant en compromettre l'existence, la qualité ou la valeur; elles doivent, si elles se servent de

---

(1) Commission ainsi composée : MM. Waddington, sénateur, président; Lhopiteau, député; Dislère, président de section au Conseil d'Etat; Lhétier, inspecteur général des ponts et chaussées; Lesieur, président de la chambre de commerce de Paris; Lahaye, ingénieur civil; Ti serand, rapporteur, membre de la Société d'encouragement à l'agriculture; Caillaux, secrétaire, auditeur au Conseil d'Etat.

wagons découverts, s'assurer que la marchandise n'est pas exposée à souffrir d'une manière quelconque des actions climatériques ; c'est à elle à recourir aux moyens de l'abriter ; si c'est le public qui doit faire le bâchage, elles doivent s'assurer que l'opération est bien faite, la faire refaire, rectifier ou compléter si elle est mal opérée ou insuffisante et ne laisser partir le wagon que quand il n'y a plus de crainte à avoir pour la conservation intacte de la marchandise et pour la sécurité même de la voie, et ce n'est pas tout : les agents doivent, en cours de route et dans les gares de stationnement, s'assurer, comme les voituriers le font, que tout est en ordre ; s'il survient à un moment donné des intempéries, si la bâche par exemple subit une avarie quelconque ou vient à se détacher, il ne faut pas qu'ils s'en désintéressent ; leur devoir strict est de faire tout leur possible, autant que le permettent les exigences du service, pour empêcher, réparer ou au moins diminuer les dégâts qui pourraient se produire.

Comme nous l'avons dit, il n'existe, dans le cahier des charges ni dans les règlements, aucune disposition qui oblige les chemins de fer à faire emploi, à la demande de l'expéditeur, d'un type particulier de wagon. Il y a toutefois des marchandises qui imposent un type de véhicule, telles sont, par exemple, les pailles et les foins, qui ne peuvent se transporter que sur des plates-formes. Il y a également des marchandises que, d'habitude, on transporte toujours en wagons découverts, comme c'est le cas des pavés, des pierres meulières, des moellons, du gravier, du fumier, de la marne, de la tangue, etc. C'est aux Compagnies à s'inspirer des coutumes et de leur expérience professionnelle pour le choix à faire des véhicules à employer ; on peut même admettre qu'elles ont le droit de refuser un wagon couvert ou bâché quand il s'agit de marchandises qu'il est d'usage de transporter à découvert et qui ne courent absolument aucun risque d'avarie ou de dommage, quelque temps qu'il fasse, et que, si elles concèdent à la demande qui en serait faite par un expéditeur, elles fassent payer le prix de location de la bâche et les frais de bâchage et de débâchage. En un mot, les Compagnies doivent avoir, comme tous les transporteurs, liberté entière des moyens à employer pour remplir leur tâche au mieux de leurs intérêts et de ceux de leur clientèle.

2° Avis émis le 9 janvier 1907 par le Comité consultatif des chemins de fer.

Considérant que l'ancienne clause du transport en wagon découvert avait manifestement pour but d'instituer une présomption d'irresponsabilité, pour certaines avaries, notamment pour l'avarie de mouille ; qu'au surplus ladite clause continue à avoir cet effet dans les transports internationaux effectués sous le régime de la Convention de Berne et que l'on concevrait difficilement l'attribution de deux sens différents à la même disposition suivant le tarif où elle figure ; que les Compagnies ayant la pleine et entière responsabilité du transport, sauf la preuve qu'elles administreraient de fautes commises par les expéditeurs ou les destinataires dans les opérations auxquelles ceux-ci participent, il leur appartient de choisir le type de wagon affecté à ce transport, en tenant compte des avantages et des risques qui en résulteront pour elles. (Comité consultatif, rapport n° 18591 du 15 mai 1907.)

<h1 style="text-align:center">ANNEXE N° 3</h1>

<h2 style="text-align:center">EXTRAIT D'ARRÊTS DE LA COUR DE CASSATION</h2>

ayant posé les principes de la responsabilité des Administrations de chemins de fer en cas de perte ou d'avaries.

I. — « Attendu que si les dispositions du tarif spécial comportent implicitement pour la Compagnie la faculté de transporter la marchandise en wagons découverts, il n'en résulte pas qu'elle soit dispensée de prendre, pour la conservation de cette marchandise, les précautions que peuvent commander les circonstances survenant aux cours du transport, sauf à en être indemnisée, s'il y a lieu, par les expéditeurs ; que, d'ailleurs, le jugement ne constate pas que l'avarie soit résultée uniquement de l'emploi de wagons découverts ; que c'est donc à bon droit que, dans l'espèce, le jugement a décidé que la demande du tarif spécial par l'expéditeur ne pouvait exonérer la Compagnie d s avaries provenant de la faute de ses agents ; qu'en statuant ainsi le jugement n'a violé ni les dispositions du tarif spécial n° 13, ni l'article 103 du Code de commerce, ni l'article 1134 du Code Napoléon ». (Cass., ch. civ., 16 fév. 1870.)

II. — « Attendu que le jugement attaqué constate, dans l'ensemble de ses motifs, que l'avarie dont se plaignent Guès et consorts et qui est survenue en cours de transport, a eu pour cause le mauvais état du matériel fourni aux expéditeurs et notamment l'insuffisance des bâches qui recouvraient les foins : qu'ainsi se trouvait établie la faute commise par la Compagnie P.-L.-M. qui, dès lors, a été à bon droit déclarée responsable ; par ces motifs, rejette le pourvoi. » (Cass., ch. des req., 27 décembre 1881.)

III. — « Attendu qu'il est constaté en fait, par l'arrêt attaqué, qu'une partie des avoines remises à la Compagnie du Midi par Lanoire et Basseterre a été transportée en wagons découverts, garnis de bâches en mauvais état et disposées de façon à retenir la pluie plutôt qu'à en préserver les marchandises ; qu'il constate, en outre, que d'autres sacs, qui avaient été, avant le chargement, vérifiés par la Compagnie et reconnus mouillés, ont été placés dans des wagons couverts pêle-mêle avec les sacs secs et en bon état ; que ce mélange, contre les suites duquel il n'a été pris aucune précaution, a étendu et développé les mouillures premières ;

« Attendu qu'en faisant résulter de ces circonstances une infraction aux obligations de la Compagnie est une faute qui engage sa responsabilité, l'arrêt attaqué n'a violé aucune des dispositions de loi invoquées par le pourvoi ; par ces motifs, rejette, etc. » (Cass., ch. civ., 24 mai 1882.)

IV. — « Attendu que, si la clause de non-garantie des déchets et avaries de route a pour effet de mettre à la charge des demandeurs en dommages-intérêts la preuve des fautes, soit de la Compagnie, soit de ses agents, cette clause n'affranchit point la Compagnie de la responsabilité qui lui incombe comme transporteur, lorsque la preuve est faite contre elle d'un fait précis et déterminé, ayant les caractères d'une faute civile ;

« Attendu que les conditions du tarif P. V. n° 8, tout en autorisant implicitement le transport sur wagons découverts, n'exonèrent point néanmoins la Compagnie des obligations qui incombent à tout transporteur et notamment de celle de donner aux marchandises les soins généraux et ordinaires, nécessaires pour leur conservation, lorsque ces soins sont compatibles avec les nécessités du service réglementaire ; que, dès lors, le bâchage des wagons découverts, lorsqu'il est nécessaire pour assurer la conservation de la chose transportée à raison de la nature de cette chose et de l'état de l'atmosphère, rentre dans les soins généraux imposés au transpor-

teur, et que, d'autre part, il n'est point incompatible avec les nécessités du service ;

« D'où il suit que l'arrêt attaqué, après avoir souverainement déclaré qu'en raison de l'état de l'atmosphère le bâchage des charbons de bois dont il s'agit au procès était nécessaire, pour les garantir de l'avarie de mouille en cours de route, et rentrait par suite dans les soins d'un bon père de famille, a pu, sans violer aucun texte de loi, ni méconnaître le sens et la portée du tarif P. V. n° 8, décider que l'avarie qui a motivé la demande provenait de la faute de la Compagnie et condamner celle-ci à la réparation du préjudice qui en a été la conséquence ;

« Rejette le pourvoi ». (Cass., ch. civ., 29 février 1892).

V. — « Attendu que si le tarif spécial de la Compagnie demanderesse régissant le transport des chevaux porte que le chargement au depart et le déchargement à l'arrivée doivent être faits par les soins et aux frais des expéditeurs et des destinataires, la dite Compagnie n'en est pas moins tenue de fournir à ceux-ci pour leurs opérations un matériel qui en garantisse la sécurité. » (Cass., ch. req., 7 mai 1907 ; *Bulletin des transports* du 1er juillet 1907.)

ANNEXE N° 4

RAPPROCHEMENT COMPARATIF DE DEUX ARRÊTS
de la Cour de cassation
auxquels s'appliquaient respectivement la réglementation en vigueur avant et après la loi du 17 mars 1905.

TEXTES RÉGLANT LES CONDITIONS DE LA RESPONSABILITÉ DU VOITURIER

(Avant la loi du 17 mars 1905.)

Article 2, paragraphe 3, des conditions générales d'application des tarifs spéciaux P. V. :
Le chemin de fer n'est pas responsable :

§ 3. — De l'avarie survenue aux marchandises qui, en vertu des prescriptions des tarifs ou des conventions passées avec l'expéditeur et mentionnées dans la lettre de voiture, en tant que de telles conventions sont autorisées sur le territoire de l'Etat où elles sont appliquées, ont été chargées par l'expéditeur ou déchargées par le destinataire, en tant que l'avarie sera résultée du danger inhérent à l'opération du chargement et du déchargement, ou d'un chargement défectueux ;

Si, eu égard aux circonstances de fait, l'avarie a pu résulter de l'une des causes susmentionnées, il y aura présomption que l'avarie résulte de l'une de ces causes, à moins que l'ayant droit n'établisse le contraire.

(En vertu de la loi du 17 mars 1905.)

Article 103 du Code de commerce modifié par la loi du 17 mars 1905 (Loi Rabier).

Art. 103. — Le voiturier est garant de la perte des objets à transporter, hors le cas de la force majeure.

Il est garant des avaries autres que celles qui proviennent du vice propre de la chose ou de la force majeure.

Toute clause contraire insérée dans toute lettre de voiture, tarif ou autre pièce quelconque, est nulle.

Code civil. *Art. 1137.* — L'obligation de veiller à la conservation de la chose... soumet celui qui en est chargé à y apporter tous les soins d'un bon père de famille.

Art. 1784. — Ils sont (les voituriers) responsables de la perte et des avaries des choses qui leur sont confiées, à moins qu'ils ne prouvent qu'elles ont été perdues ou avariées par cas fortuit ou force majeure.

TEXTE DES ARRÊTS A COMPARER

Arrêt de la Cour de cassation (Chambre civile)
du 24 juillet 1906.

COMPAGNIE P.-L.-M. CONTRE JAVELLE

La Cour :

Sur le deuxième moyen ;

Vu l'article 2, paragraphe 3 de l'arrêté ministériel du 27 octobre 1900 (Voir page précédente) :

Attendu qu'en réponse à la demande en dommages-intérêts formée contre elle par Javelle, à raison de la mouillure survenue en cours de route, à sa marchandise, la Compagnie P.-L.M. a invoqué la présomption d'*irresponsabilité* résultant de l'article 2 sus-visé ;

Attendu que, pour écarter cette exception, le tribunal de commerce de Saint-Etienne s'est fondé sur ce que l'opération du bâchage, distincte de l'opération du chargement, incombait, dans le silence du tarif, à la Compagnie, et qu'en fût-il autrement celle-ci serait encore en faute soit pour n'avoir fourni à l'expéditeur qu'un modèle de wagon ne permettant pas de faire un bâchage susceptible de protéger suffisamment la marchandise, soit pour ne lui avoir fourni qu'une bâche en mauvais état, soit, enfin, parce que la Compagnie aurait dû, en cours de route, remplacer cette bâche reconnue défectueuse ;

Mais attendu, d'une part, que le bâchage doit être considéré comme une des opérations du chargement; qu'il suit de là que l'expéditeur, obligé, comme dans l'espèce, par le tarif dont il a requis l'application, de charger sa marchandise, ne peut s'en prendre qu'à lui-même de la défectuosité du bâchage ;

« Attendu, d'autre part, que la Compagnie n'était pas tenue de fournir un wagon d'un modèle déterminé; qu'il suffisait, pour dégager sa responsabilité, de fournir, ainsi qu'elle a fait, un wagon dont la mise en service avait été régulièrement approuvée ; que sa responsabilité ne pouvait davantage être engagée par la défectuosité d'une bâche mise par elle gracieusement à la disposition de l'expéditeur et acceptée par lui sans aucune protestation ;

« Attendu, enfin, que la Compagnie n'était pas tenue de vérifier l'état du bâchage des marchandises qui lui avaient été remises en wagon complet, et qu'il ne lui appartenait pas davantage de le modifier en cours de route ; etc...

Arrêt de la Cour de cassation (Chambre des requêtes
du 17 mai 1909.

BOUCHER CONTRE COMPAGNIE D'ORLÉANS

La Cour :

Sur le moyen unique de cassation, pris de la violation de l'article 98 du Code de commerce, 103 du même Code modifié par la loi du 17 mars 1905 ; des articles 1134 et 1784 Code civil ;

Attendu que si, aux termes de l'article 103 du Code de commerce modifié par la loi du 17 mars 1905, le transporteur, quel que soit le tarif revendiqué, *est responsable* des pertes et avaries survenues en cours de route, cette responsabilité cesse quand il est établi que la perte ou l'avarie est due à la faute de l'expéditeur ;

Attendu qu'il résulte des constatations du jugement attaqué que Boucher avait expédié, de la gare de Touron à destination de la gare de Peyrehorade et à l'adresse d'un sieur Lesgourgues, un wagon de pommes de terre du poids de 6.630 kil., qui furent refusées par le destinataire parce que, pendant le transport, elles avaient été avariées par la pluie ; que Boucher avait demandé l'application du tarif le plus réduit, ce qui comportait l'application du tarif spécial P. V. n° 2 de la Compagnie d'Orléans, aux termes duquel les opérations de chargement et de déchargement des marchandises doivent être accomplies par l'expéditeur et le destinataire : que Boucher avait mal assujetti la bâche sur le wagon et ne lui avait pas donné une inclinaison suffisante pour permettre l'écoulement des eaux, ce qui aurait amené la création de poches et un frottement continuel qui aurait fini par percer la toile de cette bâche ;

« Attendu que le bâchage doit être considéré comme une des opérations du chargement et que l'expéditeur, obligé, d'après le tarif dont il a requis l'application, à charger la marchandise, ne peut s'en prendre qu'à lui-même de la défectuosité de son bâchage ; que la responsabilité de la Compagnie ne peut être engagée par le mauvais état d'une bâche mise par elle gracieusement à la disposition de l'expéditeur et qu'il a acceptée sans aucune protestation ;

« Attendu que le pourvoi reproche vainement au jugement attaqué de n'avoir pas tenu compte de cette circonstance que la Compagnie aurait fourni à Boucher un wagon découvert au lieu du wagon fermé qu'il lui avait demandé, que le jugement conteste la sincérité de cette affirmation; qu'au surplus une Compagnie n'est pas tenue de fournir un wagon d'un modèle déterminé ; qu'il suffit, pour dégager sa responsabilité, de fournir un wagon dont la mise en service a été régulièrement approuvée ;

Attendu, d'autre part, qu'elle n'est pas tenue de vérifier l'état du bâchage des marchandises qui lui sont remises en wagon complet bâché par l'expéditeur, et qu'il ne lui appartient pas davantage de le modifier en cours de route, etc. ;

ANNEXE N° 5

ARRÊT DE LA COUR DE CASSATION (Chambre des requêtes), du 7 juillet 1909 (Capot contre Compagnie des chemins de fer du Midi).

La Cour ;

Sur le moyen unique du pourvoi pris de la violation et fausse application des articles 1134 et suivants, 1382 et suivants de Code civil, 103 du Code de commerce, modifié par la loi du 17 mars 1905, 105 et 108 du même Code, des conditions particulières du tarif spécial P. V. n° 22 de la Compagnie des chemins de fer du Midi et de l'article 7 de la loi du 20 avril 1810 ;

Attendu, d'une part, qu'il n'est pas contesté que la cause de l'avarie de mouillure survenue en cours de route à la marchandise expédiée en décembre 1906 par le demandeur à l'adresse du sieur Arrana, de la gare de Boucau à Saint-Jean-de-Luz, devait être attribuée aux défectuosités du bâchage ;

Attendu, d'autre part, qu'il n'était argué d'aucune clause de non-garantie de la part de la Compagnie défenderesse, résultant d'un tarif, d'une lettre de voiture, ou d'une convention ;

Attendu, en fait, qu'aux termes du tarif P. V. n° 22 en vigueur sur le réseau du Midi, dont l'expéditeur avait requis l'application, celui-ci était obligé d'effectuer lui-même le chargement de la marchandise à transporter ; que, le bâchage étant considéré comme une des opérations du chargement, il ne peut s'en prendre qu'à lui de sa défectuosité ;

Attendu que la Compagnie, qui n'avait pas à charger la marchandise, n'était pas obligée de fournir de bâche avec le wagon ; que, si la bâche qu'elle a fournie bénévolement et gratuitement au demandeur était défectueuse, il appartenait à celui-ci de la vérifier et de la refuser, s'il y avait lieu ; qu'il est constaté par l'arrêt qu'il l'a acceptée sans protestation ni réserve ;

Attendu que si la Compagnie doit surveiller le chargement, c'est seulement au point de vue des exigences du service général, mais que, n'étant pas tenue du bâchage des marchandises livrées sur wagon, elle n'était pas obligée d'en vérifier l'état au départ, de même qu'il ne lui appartenait pas ou non plus de le modifier en cours de route ; qu'elle ne pouvait, dès lors, être déclarée responsable des conséquences du bâchage défectueux des marchandises litigieuses ;

D'où il suit qu'en statuant comme il l'a fait l'arrêt attaqué, qui est régulièrement motivé, loin de violer les textes de loi et les conditions du tarif visés au pourvoi, en a fait une exacte application à la cause ;

Par ces motifs, rejette le pourvoi formé contre l'arrêt de la Cour d'appel de Pau du 6 mai 1908.

ANNEXE N° 6

EXTRAIT D'UNE DÉLIBÉRATION

de la Chambre de commerce de Mazamet en date du 16 septembre 1909

CHAMBRE DE COMMERCE DE MAZAMET

Législation des transports

Modification de l'article 103 du Code de commerce.

RAPPORT

présenté à la Chambre de commerce dans sa séance du 16 septembre 1909,
par M. Léon Marcoul, l'un de ses membres.

Depuis le vote de la loi Rabier (17 mars 1905), le commerce, sans être complètement rassuré au sujet de la législation des transports, avait cru cependant que l'arme défensive et légale dont on l'avait muni en ajoutant le paragraphe suivant à l'article 103 du Code de commerce pouvait sauvegarder, en partie, ses intérêts :

Art. 103 Code comm.— Le voiturier est garant de la perte des objets à transporter hors les cas de la force majeure.

Il est garant des avaries autres que celles qui proviennent du vice propre de la chose ou de la force majeure.

(Paragraphe ajouté en 1905.) — Toute clause contraire insérée dans toute lettre de voiture, tarif ou autre pièce quelconque, est nulle.

Contrairement à la croyance générale, la loi Rabier n'a pas procuré au commerce les garanties effectives voulues par son auteur et par le Parlement.

Il semble que la Chambre des requêtes de la Cour de cassation a donné à cette loi une interprétation différant sensiblement des espérances qu'elle avait fait naître. Notamment, son arrêt du 17 mai dernier a été une réelle déception pour l'ensemble des expéditeurs de marchandises.

Un journal, le *Bulletin des Transports*, revue officielle de la *Ligue de défense contre les chemins de fer*, a poussé le cri d'alarme. Une circulaire a été envoyée par ses soins à tous les membres du Parlement, aux tribunaux consulaires ainsi qu'aux Chambres de commerce ; mais cet effort risquerait de rester stérile si les Chambres de commerce, comme c'est leur devoir, ne le secondaient pas.

Je vous propose donc, Messieurs, d'inviter toutes les Chambres de commerce de France à protester de toute leur énergie contre l'interprétation donnée par la Cour de cassation à l'article 103 du Code de commerce, tout en insistant auprès des membres du Parlement pour que le texte ci-dessous qui leur a été soumis par la *Ligue de défense contre les chemins de fer*, texte clair et précis, qui ne permettra plus aux tribunaux une interprétation contraire aux volontés du législateur, soit substitué au plus tôt au texte actuel dudit article 103.

Afin d'aboutir plus sûrement, les Chambres de commerce d'un même département pourraient s'entendre pour former une Commission départementale composée de délégués pris dans leur sein, qui aurait pour mission d'activer par tous les moyens le vote de l'article modifié et notamment en faisant de pressantes démarches auprès de tous les parlementaires du département, sans exception.

TEXTE PROPOSÉ

Le voiturier est tenu d'employer ou de fournir pour le transport un matériel approprié à la nature des objets et qui soit susceptible d'assurer leur arrivée à destination en bon état de conservation.

Il est garant de la perte des objets à transporter, hors les cas de la force majeure, et des avaries autres que celles qui proviennent de la force majeure ou du vice propre des objets transportés eux-mêmes.

Par le fait de leur acceptation sans réserve, il est réputé avoir reçu ces objets en bon état et bien conditionnés.

Toute disposition ou clause contraire, par ses termes ou par ses effets, à celles qui précèdent, insérée dans toute lettre de voiture, tarif ou autre pièce quelconque, est nulle.

La Chambre de commerce de Mazamet, après en avoir délibéré, déclare faire sien le rapport présenté par M. Marcoul; elle le convertit en délibération et décide qu'il sera imprimé et adressé à toutes les Chambres de commerce de France, aux Sénateurs et Députés du Tarn, ainsi qu'à **M. Lamy**, directeur du journal *le Bulletin des Transports.*

AUTRE PROPOSITION DE LOI

La présente brochure était à l'impression lorsque nous a été communiquée une proposition de loi déposée le 30 décembre dernier, sur le bureau de la Chambre, par M. le député Paul BIGNON et aux termes de laquelle l'actuel article 103 du Code de commerce serait remplacé par le texte suivant :

« *Article 103.* — *Le voiturier est tenu d'employer et de fournir pour le transport un matériel approprié à la nature des objets et qui soit susceptible d'assurer leur arrivée à destination en bon état de conservation.*

« *Il est garant de a perte des objets à transporter, hors le cas de la force majeure, et des avaries autres que celles qui proviennent de la force majeure ou du vice propre des objets transportés eux-mêmes.*

« *Par le fait de leur acceptation sans réserve, il est réputé avoir reçu ces objets en bon état et bien conditionnés.*

« *Toute disposition ou clause contraire, par ses termes ou par ses effets, à celles qui précèdent, insérée dans toute lettre de voiture, tarif ou autre pièce quelconque, est nulle.* »

On remarquera, en se reportant à la délibération ci-dessus de la Chambre de commerce de Mazamet, que ce texte est, à un mot près, celui que nous avions primitivement proposé.

En conséquence, sous le bénéfice des modifications apportées par M. Dominique Delahaye, d'accord avec nous, au § 3 de ce texte, nous ne pouvons que lui accorder notre approbation.

REMERCIEMENTS ET APPROBATIONS

Dans l'impossibilité où nous sommes de remercier individuellement, vu leur nombre, tous nos adhérents et tous les corps commerciaux et industriels qui ont bien voulu appuyer notre campagne en vue du dépôt de la proposition ci-dessus, nous adressons ici à tous, au nom de la **Ligue de défense contre les chemins de fer**, un hommage public de notre reconnaissance, et pour le surplus, nous devons nous borner à ne citer que quelques extraits des lettres ou délibérations les plus remarquables parmi celles qui nous ont été adressées.

Chambres de commerce.

Chambre de commerce de Saint-Etienne.

(Lettre du 10 septembre 1909.)

Monsieur Lamy,

J'ai l'honneur de vous faire connaître que par lettre de ce jour, la Chambre de commerce de St-Etienne appuie auprès de M. le Ministre des Travaux publics, la proposition de la **Ligue de défense contre les chemins de fer** dont vous lui avez adressé le texte par lettre du 12 août dernier et qui tend à modifier l'art. 103 du Code de commerce relatif à la responsabilité des transporteurs en cas de pertes et avaries.

Chambre de commerce de Mazamet.

(Extrait d'une délibération du 16 septembre 1909.)

« Un journal, le *Bulletin des Transports*, revue officielle de la **Ligue de défense contre les chemins de fer**, a poussé le cri d'alarme. Une brochure a été envoyée par ses soins à tous les membres du Parlement, aux Tribunaux consulaires, ainsi qu'aux Chambres de commerce; mais, cet effort risquerait de rester stérile si les Chambres de commerce, comme c'est leur devoir, ne le secondaient pas.

« Je vous propose donc, Messieurs, d'inviter toutes les Chambres de commerce de France à protester de toute leur énergie contre l'interprétation donnée par la Cour de cassation à l'article 103 du Code de commerce, tout en insistant auprès des membres du Parlement pour que le texte ci-dessous qui leur a été soumis par la **Ligue de défense contre les chemins de fer**, texte *clair* et *précis*, qui ne permettra plus aux Tribunaux une interprétation *contraire aux volontés du législateur*, soit substitué au plus tôt au texte actuel dudit article 103. »

Chambre de commerce de Chartres.

(Extrait d'une délibération du 12 octobre 1909.)

« M. L. Lamy, directeur de la **Ligue de défense contre les chemins de fer**, à qui l'on ne saurait adresser trop d'éloges pour la façon énergique et constante avec laquelle, en matière de transports, il défend les intérêts du Commerce et de l'Industrie, a adressé aux membres du Parlement une lettre ouverte qu'il nous a communiquée et qui conclut à une proposition de modification de l'art. 103 du Code de commerce qui, après cela, n'offrirait plus d'ambiguité... »

Chambre de commerce de Rouen.

(Extrait d'une délibération du 13 novembre 1909.)

... Vous avez été saisis, à la date du 12 août dernier, d'une lettre de la **Ligue de défense contre les chemins de fer** et d'une brochure intitulée « la loi Rabier » dont le but est de démontrer que les modifications apportées par cette loi, le 17 mars 1905, à l'art. 103 du Code de commerce, sont complètement insuffisantes, ainsi qu'il résulte de l'arrêt de la Cour de cassation du 17 mai 1909.

Comme conséquence, la Ligue conclut au remaniement de l'art. 103 et demande à la Chambre de lui faire connaître son opinion.

C'est pourquoi, Messieurs, nous avons l'honneur de vous proposer d'émettre un avis favorable à l'adoption du nouveau texte proposé par la **Ligue de défense contre les chemins de fer**.

Chambre de Commerce d'Abbeville.

(Extrait d'une délibération du 13 décembre 1909.)

« **M. Lamy**, directeur de la **Ligue de défense contre les chemins de fer**, a été un des premiers, sinon même le premier, à jeter le cri d'alarme et M. le Sénateur **Dominique Delahaye**, ancien président de la Chambre de commerce d'Angers, ému par la révélation de cette nouvelle jurisprudence de la Cour de cassation et *soucieux de venir en aide au commerce* que léserait singulièrement cette nouvelle interprétation de la responsabilité des Compagnies, vient de déposer sur le bureau du Sénat une proposition de loi pour parer à ce nouveau danger et indiquer nettement la part de responsabilité de chacune des parties en cause. Nous l'en félicitons et nous l'en remercions. »

Parmi les autres Chambres qui, à notre connaissance, ont déjà approuvé notre texte, nous pouvons citer celles des villes ci-après :

Amiens, Arras, Aubenas, Bayonne, Besançon, Béziers, Bolbec, Bordeaux, Bougie, Cahors, Castres, Cette, Cholet, Dieppe, Evreux, Granville, Laval, Le Havre, Le Mans, Mende, Montauban, Moulins, Narbonne, Nice, Nimes, Oran, St-Omer, Saumur, Tarbes, Thiers, Versailles.

Un grand nombre d'autres Chambres de commerce, qui ont mis la question à l'ordre du jour de leurs prochaines délibérations, se prononceront certainement dans le même sens.

Autres Corps Commerciaux.

Chambre syndicale des fabricants de chaux et ciments (Drôme et Ardèche).

Extrait d'une lettre de son président, M. Freydier, en date du 20 septembre 1909.)

Monsieur Lamy,

J'ai l'honneur et le plaisir de vous informer que j'ai obtenu en votre faveur une subvention de 5o fr. de ma Chambre syndicale pour vous aider à soutenir les justes revendications contre les abus signalés par votre circulaire du 12 août, vous trouverez inclus cette somme dont avis de réception s.v. p.

« Veuillez en échange m'adresser quelques exemplaires de votre lettre du 12 août que je ferai distribuer aux Chambres de commerce ce qui vous amènera sûrement de nouveaux adhérents... »

Union commerciale et industrielle de la ville de Nîmes.

(Extrait d'une lettre du 3o novembre 1909.)

M. L. Lamy. — En réponse à vos lettres des 12 août et 12 novembre courant, j'ai l'honneur de vous faire savoir que notre Union, dans sa séance du 10 novembre, a entièrement approuvé... le texte que vous proposez de substituer à l'art. 1o3 du Code de commerce.

En vous félicitant encore et toujours de l'ardeur que vous mettez à défendre les intérêts des expéditeurs, veuillez, etc. (*Signé : le Secrétaire général*).

Fédération des Syndicats Commerciaux et Industriels de Limoges.

(Extrait d'une lettre du 2 décembre 1909.)

Monsieur Lamy,

J'ai donné communication de votre brochure à la Fédération que j'ai l'honneur de présider et qui compte, à l'heure actuelle, 22 syndicats professionnels adhérents.

A *l'unanimité*, dans sa séance du 22 novembre, la Fédération a approuvé les modifications à l'art. 1o3 du Code de commerce proposées par vous.

A *l'unanimité* également, elle m'a chargé de vous transmettre, *une fois de plus*, ses félicitations pour

la vigilance avec laquelle vous signalez au Commerce les dangers qui le menacent et pour la compétence avec laquelle vous recherchez et indiquez les moyens d'y parer.

J'y joins mes félicitations personnelles, etc...

Signé : le président,
Ch. Lafon.

Union Niçoise des Entrepreneurs de Transports, Camionneurs et Transitaires, 7, Avenue de la Gare, à Nice.

Nice, le 10 janvier 1910.

Monsieur,

Suite à votre honorée lettre du 1er décembre écoulé, j'ai l'honneur de vous informer que l'Union Niçoise réunie en Assemblée générale, le 28 décembre dernier, après lecture d'un rapport de son Vice-Président, a voté à l'unanimité l'ordre du jour suivant :

« L'Union niçoise des Entrepreneurs de transports, « camionneurs et transitaires, réunie en Assemblée « générale ordinaire, le 28 décembre 1909, *vote des* « *félicitations à* M. Lamy, Directeur du *Bulletin* « *des Transports*, pour *le zèle et le dévoûment* qu'il « apporte à l'étude des questions de transports et « approuve à l'unanimité la nouvelle rédaction pro-« posée à l'article 1o3 du Code de commerce. »

Veuillez bien agréer, Monsieur, l'assurance de ma parfaite considération.

Le Secrétaire,
Albert Franco.

Parmi les autres corps commerciaux qui, à notre connaissance, ont déjà apporté leur concours d'une manière toute particulière au but poursuivi, nous citerons encore :

L'Association des entrepositaires du Midi, à Béziers ; *la Société pour la défense du commerce et de l'industrie de* Bordeaux ; *le Syndicat des Maîtres de forge de Comté*, à Dôle ; *l'Union commerciale d'*Elbeuf ; *le Syndicat Industriel et Commercial de l'arrondissement de* Fontenay-le-Comte ; *le Syndicat professionnel du commerce des grains, fourrages et issues à* Narbonne ; *le Syndicat Central des Négociants importateurs de charbons de France*, à Paris ; *la Chambre des négociants de* Saint Etienne.

LA JUSTIFICATION DE LA PROPOSITION

L'esprit de discipline des tribunaux.

Lamé-Fleury constate, non sans amertume, dans son Code annoté des chemins de fer (4e édition, p. 886), que lorsque la Cour de cassation a formulé un principe, même faux, « la majorité « des tribunaux et cours s'empressent de l'adop-« ter, avec une docilité qui fait plus d'honneur « à leur esprit de discipline qu'à leur perspica-« cité juridique ».

On pouvait s'attendre, après les arrêts de la

Cour de cassation qui ont motivé notre campagne, à voir des magistrats faire preuve de cette discipline docile dont parle l'éminent juriste ; mais la Cour de Toulouse paraît avoir eu à cœur de se distinguer plus que toute autre : faisant une volte-face complète, elle a abandonné la jurisprudence de son excellent arrêt du 21 janvier 1909 (Voir *Bulletin des Transports* du 1er avril 1909) pour adopter, en l'aggravant même, la thèse de l'irresponsabilité des Compagnies, consacrée par les arrêts précités de la Cour de cassation.

La Cour de Toulouse.

Ladite Cour de Toulouse, réformant un jugement du tribunal de commerce de la même ville, en date du 15 juillet 1907, qui avait déclaré la Cie du Midi non responsable d'une bâche fournie par elle, s'exprimait ainsi dans son arrêt précité du 21 janvier 1909 :

« Attendu que, dans le cas actuel, le chargement devait être opéré par l'expéditeur, mais qu'il est démontré que l'avarie provient du *mauvais état d'une bâche*, et non des opérations défectueuses de la manutention ;

« Qu'ainsi, de toute façon, *la responsabilité* de la Compagnie se trouve engagée et qu'il y a lieu de réformer le jugement entrepris ». (*Bulletin des Transports du* 1er avril 1907, p. 62.)

Il a suffi de l'arrêt de la Cour de cassation du 17 mai 1909 : la Cour de Toulouse, sans la moindre velléité de résistance, s'incline et admet, avec un luxe de motifs dont on va pouvoir juger, la thèse *diamétralement opposée* à celle qu'elle avait précédemment adoptée.

Le tribunal de commerce, faisant, cette fois, une plus saine appréciation du litige qui lui était soumis, avait déclaré la Compagnie responsable :

« Attendu, disait-il, que Saturnin Fos a fait le chargement et l'a fait avec le matériel que lui fournissait la Compagnie; que les experts constatent que les bâches étaient *insuffisamment étanches* et que c'est *au mauvais état de ces bâches* qu'il faut attribuer les avaries subies en cours de route par les marchandises ; que dès lors il y a lieu de décider que la Compagnie *est responsable* de la qualité du matériel qu'elle fournit, etc. (Trib. comm. Toulouse, 28 novembre 1907.)

Mais la Cour de Toulouse, dans un arrêt du 4 août 1909, a condamné sans hésitation cette thèse, qui était *la sienne* six mois auparavant :

« Attendu, dit-elle aujourd'hui, qu'il a été jugé que la responsabilité de la Compagnie ne peut être engagée par le *mauvais état d'une bâche* mise par elle gracieusement à la disposition de l'expéditeur, et qu'il a acceptée sans aucune protestation (Cass., ch. des requêtes, 17 mai 1909) ;

« Que s'il est possible en effet d'admettre *que la fourniture de la bâche est une conséquence nécessaire de l'obligation contractée par le transporteur de remettre en bon état la marchandise qui lui est confiée, il est* naturel que celui qui fait le *chargement vérifie l'état de la bâche* qui est mise à sa disposition et qu'il refuse celle qui ne peut pas protéger d'une façon utile la marchandise expédiée ;

« Attendu que dans l'espèce, le sieur Fos a accepté *sans protestation* les bâches qui lui ont été fournies et qu'ainsi la responsabilité de la Compagnie *ne saurait être engagée* en aucune manière;

« Qu'il y a donc lieu de réformer le jugement dont est appel. » (*Bulletin des Transports du* 1er septembre 1909.)

Un deuxième arrêt, rendu par la même Cour, le 1er décembre 1909, a précisé mieux encore cette jurisprudence et affirmé sans ambages sa docilité :

« Attendu, au surplus, dit cet arrêt, qu'il résulte des renseignements versés aux débats, que l'opération du chargement du wagon de luzerne a été opérée, sur sa demande par l'expéditeur, avec les tarifs et taxes par lui réclamés ; que, suivant une jurisprudence constante et la plus récente de la Cour de cassation le bâchage des wagons est une des opérations du chargement et l'expéditeur qui s'est obligé à charger lui-même la marchandise, d'après les tarifs demandés, ne peut s'en prendre qu'à lui-même des défectuosités du chargement, alors même que les bâches *fussent défectueuses*, si elles ont été fournies *gracieusement* par la Compagnie, et acceptées par lui sans réserves (V. Cass. req., 17 mai 1909; Cass., 7 juillet 1909). »

D'après ces arrêts, dès l'instant que l'expéditeur effectue le chargement de la marchandise, il devient, *de ce fait*, responsable de la *défectuosité* du *matériel* mis à sa disposition par la Compagnie et accepté par lui *sans réserves*..

Le Tribunal de commerce de Dax.

Le 5 novembre 1909 ce tribunal a rendu un jugement dans lequel on lit ce qui suit :

« Attendu que le nitrate de soude litigieux ayant été expédié par wagon complet, avec un tarif spécial comportant que le chargement et le déchargement doivent être faits par l'expéditeur et le destinataire et que le bâchage doit être considéré comme le complément du chargement, s'il y a mouille par suite du bâchage, le destinataire ne peut s'en prendre *qu'à l'expéditeur ;* que c'est en vain que le destinataire reconnaissant que la mouille provient du bâchage, soutient que ce bâchage *a pu se défaire en cours de route, par suite de chocs anormaux ;* qu'il appartient en effet, à l'expéditeur d'assujettir la bâche *assez solidement* pour l'empêcher de se déranger, le transporteur se bornant dans l'espèce à fournir le matériel, wagon et bâche, et à transporter ce matériel, avec la marchandise, d'un point à un autre, à un tarif spécial ;

« Attendu que dans ces conditions, la réclamation de Dufau ne saurait être admise au point de vue de la mouille, et qu'il y a lieu de l'en débouter... (*Journal la Loi du 6 janvier 1910.*)

Tout le monde sait que les chargements, même les mieux faits et les plus solidement arrimés, sont incapables de résister aux chocs résultant notamment des manœuvres *au lancé* qui se font dans les gares de triage ; mais le jugement ci-dessus estime que c'est *l'expéditeur* qui doit supporter la responsabilité des avaries.

Le Tribunal de commerce de la Seine.

La jurisprudence adoptée par ce tribunal le

juillet 1909 peut être rapprochée de celle du tribunal de Dax que nous venons de faire connaître, mais les faits au sujet desquels cette décision a été rendue sont encore plus frappants et montrent bien à quelles conséquences absurdes aboutit la jurisprudence de la Cour de cassation.

Un wagon de tourteaux, expédié depuis 15 jours, et arrivé en gare destinataire depuis 4 jours, fut trouvé avec sa bâche déficelée et relevée d'un bout; la marchandise était en partie mouillée et présentait un manquant de 230 kg. A priori on pouvait supposer que des voleurs avaient détaché et soulevé la bâche pour dérober les tourteaux manquants; le tribunal de commerce de la Seine a estimé, lui, que « la « Compagnie n'était pas tenue de vérifier le « chargement et le bâchage au départ » et que, par suite, le seul fait que la bâche a été trouvée déficelée et soulevée après 11 jours de voyage et 4 jours de séjour dans la gare destinataire, constitue une présomption qu'elle avait été remise en cet état, au départ, par l'expéditeur.

En conséquence il a estimé :

— 1° Que les 230 kg. de tourteaux manquants (qui pesaient près de 2 kg. chacun) ont été enlevés par le vent;

— 2° Que la bâche ayant été insuffisamment assujettie *par l'expéditeur*, celui-ci était seul responsable tant du manquant que de l'avarie de mouille.

Et ledit expéditeur, qui réclamait 2.583 fr.45 de dommages-intérêts, a été condamné... à payer les frais du procès. (*Bulletin des Transports du 1er décembre 1909*).

Se baser sur ce qu'un chargement (ou une bâche) est désarrimé *à l'arrivée* pour en conclure qu'il était mal arrimé *au départ* est, on l'avouera, un peu trop approximatif comme raisonnement; au reste un excellent jugement du tribunal de commerce de Bourg en date du 13 août 1909 démontre fort bien l'inanité de cet inadmissible système.

« Attendu, dit-il, que la Compagnie défenderesse s'appuie sur le bâchage défectueux signalé par l'expert dans son rapport, lequel ferait retomber sur Roche et Cie la charge des avaries, puisque la jurisprudence de la Cour de cassation l'impose à l'expéditeur, même lorsqu'une *mauvaise bâche* lui est fournie gracieusement par le transporteur ; qu'ainsi il convient de rechercher, dans le rapport de l'expert, la valeur des raisons sur lesquelles s'appuie la Cie.

« Or, attendu que la déclaration faite par l'expert au sujet du bâchage n'est pas le résultat *de sa constatation personnelle*, mais n'est que la répétition d'une allégation à lui faite par l'employé de la Cie P.-

L.-M. présent à l'expertise, puisqu'il dit dans son rapport : « Ces graves avaries proviennent de ce que le chargement en wagon découvert, de Saint-Fons à Saint-Trivier-de-Courtes, *ainsi que me l'a déclaré l'agent du P.-L.-M.*, et certainement *insuffisamment recouvert de bâche*, a été atteint par la pluie... » ;

« Attendu, au surplus, que les marchandises se trouvaient *dans les locaux* de la gare de Chavannes depuis quinze jours lorsqu'il en fit la vérification, et qu'aussi, depuis leur chargement par les expéditeurs, elles eurent à subir un transbordement en gare P.-L.-M. Saint-Trivier, et un rechargement sur wagon de la Cie Economique du Sud-Est. »

****

Les exemples qu'on vient de lire prouvent qu'il était indispensable de prévoir, comme l'a fait M. Delahaye dans le 3me alinéa de sa proposition, que la réception des objets et des chargements sans réserves de la part du chemin de fer entraîne présomption que ces objets étaient, lors de la prise en charge, en bon état et bien conditionnés.

Défectuosité du Matériel.

Ainsi que le rappelle M. Dominique Delahaye le matériel de l'exploitation doit être « constam- « ment maintenu en bon état d'entretien » mais en fait, ainsi qu'il résulte des décisions judiciaires ci-après rappelées, il est souvent dans un état déplorable.

Cour d'appel de Montpellier.

Arrêt du 7 mars 1908.

« Et attendu, au fond, que du rapport dressé par les trois experts dont s'agit il résulte : d'une part, que le chargement du wagon litigieux, lequel avait été fait dans d'excellentes conditions et, d'autre part, qu'une grande partie des balles de fourrages était avariée par l'eau de pluie et se trouvait dans un état de fermentation très avancée ;

« Attendu que les experts, recherchant les causes de cette importante avarie, ont reconnu que les bâches qui recouvraient le wagon étaient en fort mauvais état et rapiécées en de nombreux endroits si bien qu'elles n'ont pu retenir l'eau de pluie et qu'il s'était formé plusieurs gouttières laissant pénétrer l'eau jusqu'à la plate-forme et endommageant ainsi gravement la marchandise ; qu'ils déclarent enfin que l'avarie n'a pu se produire qu'en cours de route et doit, par suite, incomber au transporteur ;

« Attendu que le dommage causé à la marchandise a été évalué par eux à la somme de 465 fr. 50 ». (*Bulletin des Transports du 1er mai 1908.*)

Cour d'appel de Poitiers.

Arrêt du 10 novembre 1909.

Attendu qu'il résulte des constatations auxquelles il a été procédé le 15 janvier au matin par M. Perrot, médecin vétérinaire, que le cheval de course « Liberty II » expédié en grande vitesse, la veille au soir, de Paris à Chauvigny, *était tombé* en gare d'Argenton sur la voie de garage du wagon où il était enfermé et dont **plancher usé ou mal assujetti s'était en partie effondré**. (*La Loi du 9 décembre 1909.*)

Tribunal de commerce de Castres.

Jugement du 18 octobre 1909.

« Attendu que la Compagnie allègue aussi que la responsabilité incombe à l'expéditeur qui n'avait pas pris toutes les précautions qu'il aurait dû prendre pour éviter la gelée et qu'il n'a fait *aucune observation au sujet* du **matériel** *mis à sa disposition ;*

« Attendu qu'il résulte de toutes ces considérations que s'il est vrai que l'expéditeur, en vertu du tarif appliqué, doit opérer lui-même *le chargement*, rien n'indique qu'il doit apporter avec lui les ustensiles nécessaires pour boucher les vides qu'il y a dans le plancher et **réparer les croisées des wagons** mis à sa disposition ; que dans l'espèce l'expéditeur qui est marchand de pommes de terre n'a pas d'ailleurs la qualité et la compétence suffisante pour s'assurer que **le plancher du wagon était si mal joint** et la fermeture des croisées à tel point **défectueuse** que la marchandise ne pût voyager sans risquer d'être gelée ;

« Attendu, au contraire, qu'il est de toute évidence que le wagon fourni par la Compagnie était **dans un tel état** qu'il n'a fait que se détériorer en cours de route et que, l'air pénétrant dans l'intérieur par des ouvertures qu'il était impossible à l'expéditeur de boucher, la gelée survenue aux pommes de terre doit être imputable à la Compagnie ;

« Attendu que le Tribunal, constatant avec quelle **désinvolture** *les Compagnies font usage de* **leur vieux matériel**, ne peut que déplorer la grave atteinte que cela porte en certains cas aux bonnes transactions commerciales » (*Sire contre Cie d'Orléans*).

Absence ou insuffisance des bâches.

Un constat d'huissier

Voici maintenant, pour édifier nos lecteurs, un constat d'huissier duquel il résulte que la gare expéditrice n'a pas fourni en temps utile les bâches nécessaires à un chargement de fourrage qui lui avait été annoncé dans les conditions réglementaires. Tous ceux qui ont affaire dans les gares savent que les cas d'insuffisance de matériel sont très fréquents ; nous donnons l'exemple ci-après pour ceux qui, par un hasard tout à fait rare, n'en auraient jamais fait l'expérience.

L'an mil neuf cent neuf et le *dix septembre*.
Nous, Jacques Aussal, huissier au Tribunal civil séant à Toulouse résidant à Vellemur, soussigné,
A la requête de M. G..., négociant en fourrages, demeurant à Mirepoix, canton de Villemur (Haute-Garonne).
Certifions nous être cejourd'hui transporté à la gare de la Magdeleine-sur-Tarn, canton de Villemur, à l'effet de constater qu'un wagon « plate-forme » avec bâches et accessoires, demandé par le requérant le *trois septembre*, mois courant, n'a pu être mis à

sa disposition ; où étant à cinq heures vingt minutes du soir et parlant à M. Forgues, chef de station à la dite gare, lequel nous a déclaré qu'en effet un wagon dit plate-forme avec accessoires a été demandé le 3 septembre courant par le requérant, que le wagon est arrivé depuis quelques jours, mais qu'il n'a pas encore reçu *les bâches nécessaires* au chargement du fourrage que le requérant désire expédier.

De tout ci-dessus avons dressé le présent procès-verbal de constat pour servir et valoir au requérant ce que de droit : dont acte.

(*Coût quinze fr. 10 cent.*)

Histoire d'une avarie

L'histoire ci-après n'est pas moins intéressante en ce qu'elle, nous montre une administration *refusant* de fournir des bâches de dimensions suffisantes pour couvrir efficacement un chargement.

I. — Lettre de M. X..., négociant, au chef de gare de La Taye

Monsieur le chef de gare,
Contrairement à ma déclaration d'expédition, par laquelle je réclamais deux bâches pour couvrir le wagon de paille n°... à destination de..., vous n'avez voulu délivrer à mon chargeur qu'une seule bâche.
Cette marchandise étant périssable, comme je le disais dans ma déclaration, je fais dès maintenant toute mes réserves au cas où elle serait avariée par les pluies, notamment par celle tombée dans la journée d'hier.
Je vous demande à nouveau et au besoin je le requiers pour qu'il soit toujours délivré au moins deux bâches pour tous les wagons de paille que j'expédierai à votre gare, soit à mon nom, soit au nom de tierces personnes, vous laissant toutes responsabilités en cas de non-satisfaction.
Agréez, Monsieur, mes salutations empressées.

II. — Réponse du chef de gare

Monsieur X...
Suite à votre honorée du 5 courant.
J'ai l'honneur de vous faire connaître que nous nous conformons aux instructions reçues de ne fournir qu'une bâche par wagon.
Veuillez agréer, Monsieur, l'assurance de ma considération distinguée.

Le chef de station.

III.— Rapport d'expert

Nous soussigné J. B... négociant en fourrages, 13, Place du Champ de foire, à Limoges.
Vu la requête du Président du Tribunal de Commerce du 14 octobre nous désignant à l'effet d'examiner un wagon paille de froment expédition 1693 du 28 septembre, wagon n° 1644 poids 10.700 kilogr. bâche Etat 7.588, expéditeur M. X... à Z... en gare de Limoges-Montjovis à M. R... à Limoges, que ce dernier a refusé pour *mouille et insuffisance* de bâche.

Après avoir prévenu les parties intéressées par lettres recommandées, nous nous sommes rendus ce jour 17 octobre à la gare Montjovis où, en présence de M. Le chef de Gare et M. D..., représentant M. X..., nous avons examiné la marchandise refusée.

Nous avons remarqué que ledit wagon était couvert **d'une seule bâche ne couvrant pas la totalité du wagon**, c'est-à-dire qu'il restait environ un **mètre de découvert sur les quatre côtés du wagon**; l'eau qui coulait de chaque côté de la bâche n'étant pas projetée au dehors a permis au contraire de s'infiltrer dans les parties découvertes et de stationner dans le bas de la plate-forme causant une perte réelle à la marchandise, étant donné que la partie bâchée était sauve et de bonne qualité.

Nous évaluons à 20 o/o la partie avariée pour insuffisance de bâche.

En foi de quoi nous avons rédigé le présent rapport pour servir ce que de droit.

Limoges le 20 octobre 1907.
Signé : B...

Ce qui vient d'être dit sous les titres « Défec- « tuosité du matériel » et « Absence ou Insuffisance des bâches » justifie amplement la proposition, alinéa premier, en ce qui concerne l'obligation pour les Compagnies « d'employer ou de « fournir pour le transport un matériel approprié « à la nature des objets et qui soit susceptible « d'assurer leur arrivée à destination en « bon état de conservation ».

L'acceptation des réserves.

Enfin la partie de l'alinéa 4 de la proposition relative à l'acceptation par l'expéditeur des réserves que le chemin de fer pourrait avoir à formuler lors de sa prise en charge n'est que la contre-partie de ce qui se pratique actuellement lors de la livraison au destinataire. On en trouvera la preuve dans les arrêts de la Cour de cassation qui sont cités pages 37 et 38 de la 7ᵉ édition de notre *Manuel pratique* et aussi dans l'arrêt ci-après.

Cour d'appel de Douai

Arrêt du 13 mai 1908.

« Attendu que vainement pour échapper à la fin de non-recevoir, tirée de l'article 105 du C. comm.

opposée par la Compagnie du Nord à G... celui-ci argue de réserves qu'il a insérées au moment de la prise de livraison sur les lettres d'avis, ou de réclamations adressées ultérieurement. Qu'en effet, si les prescriptions impératives de l'article précité peuvent, par exception, cesser d'être applicables, c'est à la condition que le destinataire aura fait des réserves au moment de la livraison des marchandises et que lesdites réserves auront été acceptées par le transporteur ;

« Attendu que le fait par un agent de la Compagnie d'avoir laissé inscrire par G... des réserves au bas de la lettre d'avis ne saurait, en l'absence de toute autre preuve, être considéré comme des réserves formelles et surtout comme une acceptation de ces réserves par la Compagnie impliquant formellement la reconnaissance de l'avarie ou du manquant. (*Bulletin des Transports* du 1ᵉʳ mai 1909.)

Définition du vice propre.

Nous avons pensé avec M. D. Delahaye qu'il fallait explicitement préciser que l'exonération accordée au voiturier à raison « du vice propre de la chose » ne devait s'appliquer qu'au vice propre des *objets transportés eux-mêmes*.

Ceci pour éviter toute difficulté d'interprétation à cet égard et ruiner la jurisprudence d'un arrêt de la Cour de Nîmes, en date du 12 mai 1908, dans lequel on lit ce qui suit :

« Attendu que la correspondance versée aux débats établit que la mouillure des 74 balles provient de la DÉFECTUOSITÉ DES BACHES ou de leur insuffisance.

. . . .

« Attendu que la Compagnie démontre bien, dans l'espèce, que l'avarie *par la pluie* est provenue du *vice propre* de la chose ; — Que les pailles de maïs dont il s'agit demandaient, par leur nature propre et pour ne subir aucune avarie, à être solidement bâchées ; que l'expéditeur avait pris à sa charge la couverture complète et solide de sa marchandise ; qu'il a, par un bâchage insuffisant, soumis sa marchandise aux détériorations que la pluie pouvait entraîner ; qu'il est dès lors vrai de dire que cette marchandise a été avariée en raison d'un *vice propre* à sa nature. » (*Bulletin des Transports* du 1ᵉʳ juill. 1908, p. 120.)

On verra plus loin que l'Office des transports du Sud-Est, en se contentant à cet égard du texte actuel de l'article 103 du Code de commerce, rend possibles les difficultés d'interprétation de cette nature.

TENTATIVES DE DIVERSION

On a vu plus haut, p. 17 et suivantes, que, dès la publication du texte que nous avions proposé pour l'article 103 du Code de commerce, en vue de mettre la jurisprudence dans l'impossibilité de nuire désormais aux intérêts du commerce, de l'industrie et de l'agriculture, nous

avons recueilli, auprès d'un nombre imposant de corps commerciaux, les plus chaleureuses approbations.

On pouvait s'attendre d'autre part à quelques tentatives de diversion : dès qu'il s'agit en effet de juguler l'omnipotence des Compagnies, de mettre quelque entrave au libre exercice de leurs fantaisies, de les obliger à respecter les droits de chacun, on est sûr de voir bientôt filtrer peu à peu à travers la masse des approbations et des vœux du commerce, des opinions qui, sous prétexte d'obtenir mieux ou davantage que ne réclament les intéressés, n'aboutiraient à rien moins, si elles étaient suivies, qu'à l'abandon des réformes désirables.

L'histoire des chemins de fer est fertile, à cet égard, en enseignements des plus concluants, et si nos adhérents veulent seulement se rappeler ce qui s'est passé, pendant ces dernières années, au sujet des réformes les plus importantes en faveur desquelles ils ont combattu avec nous, ils seront pleinement édifiés.

Quelques précédents.

I. — Au sujet du projet Rabier.

Alors que ce projet devait, ainsi qu'il est rappelé ci-dessus, page 7, dégrever les expéditions de 80 millions environ par an, certains groupements, à la tête desquels on remarque des négociants dont malheureusement « l'honorabilité garantit mal les connaissances techniques » ont failli en retarder, peut-être même en empêcher le vote, parce qu'ils préconisaient un autre texte censément bien meilleur, mais qui, à y regarder de près, aurait laissé le commerce à la discrétion des Compagnies tout comme avant.

Nous citerons notamment :

1º L'Office des transports des Chambres de commerce du Sud-Est, dont il sera question plus loin;

2º La Société la Mutuelle-Transports qui avait proposé trois solutions différentes au sujet desquelles le rapporteur au Sénat, l'honorable M. Tillaye, a déclaré : que la première n'apporterait *aucun remède* efficace à la situation actuelle ; la deuxième *serait pire* que l'état de choses actuel ; la troisième est encore *moins pratique* et *moins acceptable* que les deux autres.

II. — Au sujet du projet Bourrat sur les colis postaux.

Le Gouvernement a, le 12 juin 1906, déposé un projet de loi sur les colis postaux qui, basé sur l'*irresponsabilité* des Compagnies pour le retard de ces colis, aurait eu pour principal résultat d'aggraver les charges du public de 4 millions par an.

Le 15 février 1907, le regretté président de Notre Ligue, Jean Bourrat, déposait, d'accord avec nous, *un contre-projet*, dans l'exposé des motifs duquel il démontrait, comme nous l'avions fait dans le *Bulletin des Transports* et le *Manuel pratique des transports*, que la prétendue irresponsabilité des Compagnies était une légende et qu'il n'y avait par conséquent pas lieu de consentir aux Compagnies des avantages considérables (4 millions par an), en échange de droits que le public possédait déjà.

Cette thèse se soutient si bien que le regretté M. Bourrat ayant, par lettres des 1er juillet et 1er septembre 1908, demandé au Ministre des Travaux publics, des Postes et Télégraphes, de lui faire connaître « quels sont spécialement les « textes desquels résulterait l'*irresponsabilité* « de l'Administration des Postes et celle des « Compagnies de chemins de fer pour le retard « des colis postaux », le ministre n'a pu en indiquer aucun par la bonne raison qu'il n'en existe point. Par contre le Gouvernement a retiré son projet de l'ordre du jour, reconnaissant implicitement ainsi le peu de confiance qu'il a dans sa propre thèse.

Or cette légende de l'irresponsabilité, si avantageuse pour les Compagnies, a été soutenue par des groupements parmi lesquels on remarque :

1º La **Mutuelle-Transports** (Bulletin de cette société, septembre 1908) ;

2º L'**Office des transports des Chambres de commerce du Sud-Est** (Compte rendu de ses travaux, avril 1908) ;

3º Le **Syndicat national** *dit* pour l'amélioration des transports. Ce Syndicat, il est vrai, en est même à ignorer qu'il existe des *délais* pour le transport des colis postaux. Son président, un honorable parfumeur, l'a déclaré en ces termes à l'assemblée générale tenue par ledit Syndicat, le 17 mars 1908 :

« ... Actuellement il n'y a pas de responsabilité ni « de délais de transports. » (*Journal du Syndicat « national du 1er juin 1908, p. 84, col. 1.*)

Cette déclaration sensationnelle, faite en présence des membres les plus compétents du Syndicat précité, n'a soulevé aucune objection ; aucun d'eux n'a fait remarquer que *les délais* sont fixés de manière *très précise*, dans les termes suivants, par l'art. 5 du décret du 5 septembre 1897 :

« Art. 5. — Les colis postaux seront transportés « par les trains en usage pour le service des colis de « *grande vitesse* et dirigés par le même itinéraire que « ces colis. Leur expédition, leur transmission d'une « Cⁱᵉ à une autre et leur livraison auront lieu dans les « délais *les plus courts* fixés par les règlements généraux pour les transports à *grande vitesse*. »

D'autre part, notre *Ligue de défense contre les chemins de fer* ayant envoyé le 10 février 1908 aux présidents de toutes les Chambres de commerce, une brochure de 32 pages pour démontrer que *le retard* des colis postaux peut donner lieu a indemnité, la Chambre de commerce de Dijon a adopté, le 3o mars suivant, une délibération dans laquelle on lit :

« Nous jouissons actuellement du droit *illimité et gratuit* de réclamer aux Compagnies des *indemnités* pour le *retard dans la livraison des colis postaux*. Bien que ce droit ait été contesté par les Compagnies et même par certaines organisations spéciales qui font ainsi le jeu des transporteurs, il ne saurait être sérieusement contesté. »

Enfin M. le président de la Chambre de commerce d'Oran nous adressait, le 12 novembre 1908, une lettre dans laquelle on lit :

Je vous ai déjà transmis la protestation de notre Compagnie contre le projet déposé sur cette question par le Gouvernement. Nous partageons entièrement l'opinion de l'honorable M. Bourrat au projet duquel nous nous sommes ralliés. C'est dire que *nous protestons énergiquement* contre l'argumentation *si peu justifiée* de l'Office des transports de Lyon.

Au surplus, les arguments que vous avez fait valoir vous-même et la lettre que M. Bourrat a adressée au sous-secrétaire d'Etat des Postes et des Télégraphes, réfutent *victorieusement* la thèse du bureau central dés Chambres de commerce du Sud-Est. Nous ne doutons donc pas du succès de votre active et intelligente campagne.

Nous vous renvoyons la pétition signée et approuvée.

Veuillez agréer...

Le Président,
CAZAUBON.

III. — Au sujet du projet Bourrat sur les art. 105 et 108 du Code de commerce.

Dans l'exposé des motifs de ce projet, qui a encore été déposé à l'instigation de notre Ligue, M. Bourrat établissait que grâce à la prescription *quinquennale* une Compagnie de chemins de fer avait pu légalement conserver dans ses caisses une somme de 10 millions indûment perçue des expéditeurs et c'est pourquoi le si regretté président de notre comité de patronage demandait que la prescription fût portée de 5 à 10 ans.

Cette partie de la proposition a rencontré les mêmes contradicteurs que celle dont nous avons parlé plus haut :

1o La **Mutuelle-Transports** (Bulletin de cette société, juillet 1907) ;

2o L'**Office des transports des Chambres de commerce du Sud-Est** (Compte rendu de ses travaux, 1er octobre 1909) ;

3o Le **Syndicat national** *dit* pour l'amélioration des transports (Journal de ce syndicat, 1er octobre 1907).

Toujours les mêmes.

C'est un fait curieux que nous constaterons sans chercher à l'expliquer : sur ces questions diverses, qui toutes mettent si grandement en jeu l'intérêt des Compagnies, les associations que nous avons nommées se sont trouvées d'accord pour proposer des mesures ou soutenir des opinions contraires aux intérêts généraux du commerce. Après une telle constatation il sera intéressant de rechercher quelle est l'attitude des mêmes groupements à l'égard de la proposition au moyen de laquelle M. Dominique Delahaye espère obtenir la satisfaction que réclament nos vœux.

La **Mutuelle-Transports** ne s'est pas prononcée encore, mais, quant aux deux autres, elles se trouvent, — nouvelle coïncidence à ajouter aux précédentes, — préconiser des solutions dont l'adoption ferait échec au succès de la proposition de M. Delahaye et qui, dans tous les cas, pourront créer une diversion des plus utiles, au profit des Compagnies.

L'Office des Chambres de commerce du Sud-Est.

Dans une note du 3o septembre 1909, faisant suite à une autre note du 28 du même mois qui, d'après ce qu'elle en disait elle-même, « examinait une proposition de notre *Ligue de défense contre les chemins de fer* », l'Office des transports du Sud-Est émet, en premier lieu, l'avis que l'insertion d'une clause relative au « régime du transport en wagons découverts et « du bâchage » serait de nature à réduire notablement le nombre des litiges : « Il importe, dit-il, « de mettre fin le plus rapidement possible à « l'imprécision actuelle des tarifs à ce sujet et « il semble utile dé demander à monsieur le « Ministre des Travaux publics » :

« 1° D'introduire dans l'arrêté sur les frais accessoires une addition relative *aux frais* de bâchage et de débâchage qui déterminera le tarif de ces opérations quand elles seront effectuées par le Chemin de fer et établira formellement qu'elles sont distinctes du chargement et du déchargement ;

« 2° D'inviter les Compagnies à présenter le plus rapidement possible les propositions relatives au transport à découvert et au bâchage qu'elles se sont engagées à soumettre à l'homologation ministérielle. »

Les Compagnies n'auraient pas trouvé mieux pour embrouiller une question déjà complexe et pour s'attribuer, *comme par hasard*, des droits qu'à l'heure actuelles elles n'ont pas.

Aujourd'hui, en effet, les expéditeurs de ciments du P. L. M., par exemple, n'ont *pas de frais* de location de bâches à payer lorsque la Compagnie met à leur disposition au lieu de wagons couverts, des wagons découverts munis de bâches. Or si, conformément au désir de l'Office du Sud-Est, les Compagnies présentent des propositions relatives au « transport à découvert » elles le feront sûrement dans le sens des clauses qu'elles avaient déjà proposées le 14 février 1903 (*Bulletin des Transports* du 1ᵉʳ mars) et qui ont du reste été introduites dans le tarif commun P. V. nº 126, applicable aux *fûts vides*, par homologation du 3 mai 1909 (*Journal officiel* du 14 juin), ainsi que dans les tarifs communs P. V. nºˢ 123 et 323, applicables aux *fourrages*, par homologation du 13 mai 1909 (*Journal-officiel* du 21 juin).

On verra alors fleurir dans la plupart des tarifs la clause ainsi conçue déjà insérée dans ceux que nous venons de citer.

« Le transport aura lieu en wagons découverts.

« L'expéditeur a la faculté de couvrir la marchandise au moyen de bâches *lui appartenant* ou *louées* par lui et dont il doit indiquer sur sa déclaration d'expédition les marques et numéros. Ces bâches doivent porter, d'une manière très apparente, les marques suffisantes pour en permettre la réexpédition. Leur retour au point de départ est fait sur la demande du *destinataire*, il est effectué gratuitement et ne donne lieu qu'à la perception des frais d'enregistrement et des droits fiscaux.

« Les Administrations se chargent d'ailleurs de fournir des bâches à raison de 50 centimes par bâche, plus un demi-centime par kilomètre taxé à charge, avec minimum de perception de 1 franc par bâche.

« La demande des bâches doit être faite en même temps que la demande des wagons qu'elles doivent recouvrir.

« Dans *tous les cas, le bâchage* et *débâchage* de chaque wagon *doivent* être effectués par les soins et aux frais de *l'expéditeur* et du destinataire. »

Grâce à cette insertion qui comblerait les vœux de l'Office des Chambres de commerce du Sud-Est, un expéditeur de ciments faisant deux mille wagons par an aurait « au minimum » **deux mille francs** à payer pour les bâches prises en location à la Compagnie et il serait en outre tenu de faire *sous sa responsabilité* le bâchage de ces deux mille wagons, alors qu'aujourd'hui aucun texte ne l'oblige ni à faire cette opération, ni à débourser un centime pour location de bâches.

Après avoir ainsi indiqué en quelque sorte aux Compagnies un élégant moyen de « rouler » les expéditeurs, l'Office du Sud-Est ajoute :

« Si les Cⁱᵉˢ se refusaient à tenir leurs engagements à ce sujet, ou déclaraient ne pouvoir le faire immédiatement, le Ministre des Travaux publics n'aurait pas le droit de les y contraindre et il faudrait alors rechercher dans une modification de l'art. 103 du Code de commerce, le moyen d'obtenir satisfaction. »

Voici, en conséquence, ce que propose l'Office du Sud-Est pour remplacer notre texte, qu'il juge insuffisant :

« *Le voiturier est garant de la perte des objets à transporter, hors les cas de force majeure.*

« *Il est garant des avaries autres que celles qui proviennent du vice propre de la chose ou de la force majeure.*

« *Le fait de leur acceptation sans réserves motivées lui enlève le droit d'invoquer, pour dégager sa responsabilité, toute cause de perte ou d'avarie qui ne provient pas de la nature de la marchandise elle-même.*

« *Toute disposition ou clause contraire, par ses termes ou par ses effets, à celles qui précèdent, insérée dans toute lettre de voiture, tarif ou autre pièce quelconque, est nulle.*

Nous avons critiqué ce texte dans le *Bulletin des Transports* du 1ᵉʳ décembre 1909 et on verra plus loin que la Chambre de commerce de Bourg l'a trouvé insuffisant. Nous nous bornerons donc à faire remarquer que d'après le compte rendu de ses travaux du 1ᵉʳ octobre 1909, l'Office ne veut pas :

1º Que la loi fasse une *obligation*, aux Compagnies, de fournir un matériel *approprié* et en *bon état*.

Conséquence : Voir les arrêts et jugements publiés ou cités plus haut, pages 13, 14, 19 et suiv.

2º Que l'on substitue l'expression *vice propre des objets transportés* à celle de *vice propre*.

Conséquence : Voir l'extrait de l'arrêt de la Cour d'appel de Nîmes publié à la page 22 sous le titre : « Définition du vice propre. »

Le Syndicat national « dit » pour l'amélioration des Transports.

Cette association ne paraît pas très au courant de l'actualité : un mois après le dépôt de la proposition de M. Dominique Delahaye elle ignore encore cet événement, qui a fait pourtant assez de bruit parmi les personnes qui s'occupent de chemins de fer. Cependant, pour faire comme tout le monde, sans doute, elle s'occupe de la question du bâchage et écrit, page 388 de son journal du 1ᵉʳ janvier 1910, ce qui suit :

« .... notre Association a reconnu qu'il convenait « de demander aux Compagnies de chemins de fer « d'accomplir la réforme, et de combler une lacune

« en proposant à l'homologation du Ministre des Tra-
« vaux publics l'inscription, aux conditions d'appli-
« cation des tarifs spéciaux, de la disposition ci-
« après :

« Les administrations de chemins de fer peuvent
« fournir des wagons couverts ou des wagons décou-
« verts mais elles sont tenues, *à moins de stipulations*
« *expresses inscrites* dans le tarif appliqué au
« transport, d'effectuer dans tous les cas, et s'il y
« a lieu (*sic*), le bâchage et débâchage des wagons.

« Lorsque les conditions du tarif appliqué à la
« marchandise mettent le bâchage à la charge de
« *l'expéditeur* (*sic*), et le débâchage à la charge du
« destinataire, les Administrations, sur la demande
« de l'expéditeur, font ces deux opérations moyen-
« nant un supplément de taxe de UN FRANC par
« wagon. »

Après quoi le syndicat national conclut ainsi :

« Au cas où les Compagnies, comme nous le de-
« mandons, ne solutionneraient pas la question du
« bâchage par l'inscription, aux conditions d'appli-
« cation des tarifs *d'une réglementation* (*sic*), il y au-
« rait lieu de faire appel au Parlement pour lui de-
« mander d'introduire un texte précis dans l'article 103
« du Code de commerce. » (*Journal du Syndicat
national dit pour l'amélioration des transports du
1er janvier 1910, p. 388.*)

C'est en somme à très peu de chose près ce
que demande l'Office des transports du Sud-Est
et les critiques adressées à celui-ci peuvent s'appliquer à celui-là.

Vœux insensés.

Il s'est trouvé cependant des chambres de
commerce pour s'engager dans des voies ana-
logues.

Par exemple la chambre de commerce de Grenoble qui a demandé le 29 octobre 1909, que les
conditions générales d'application des tarifs
soient complétées par la clause additionnelle
suivante :

« Toutes les fois que le tarif revendiqué ne con-
tiendra pas de *dispositions contraires*, la Compagnie
sera obligatoirement tenue de transporter la marchandise dans des wagons couverts ou dans des wagons découverts, mais bâchés par ses soins et à ses
risques et périls. Lorsque pour des raisons de convenance elle laissera faire le bâchage par l'expéditeur
elle n'en assumera pas moins la pleine et entière responsabilité ».

Ou encore la Chambre de commerce de Nantes,
qui a émis le vœu suivant :

« La Chambre a l'honneur de prier M. le ministre
des travaux publics d'inviter les Compagnies de
chemins de fer à compléter le texte de leurs tarifs
spéciaux ou autres par la clause additionnelle suivante : .

« La Compagnie sera obligatoirement tenue de
transporter la marchandise dans des wagons couverts lorsque la nature des objets à elle confiés l'exi-

gera pour qu'ils arrivent à destination en bon état
de conservation.

« Dans le cas où des wagons découverts seraient
fournis par la Compagnie et acceptés par l'expéditeur, ces wagons devront être bâchés par la Compagnie et à ses risques et périls, même si le chargement doit être fait par le commerce.

« Lorsque, pour des raisons de convenance, la
Compagnie laissera faire le bâchage par l'expéditeur, elle n'en assumera pas moins la pleine et
entière responsabilité. »

Naïveté ?

Il est permis de se demander si vraiment c'est
par pure naïveté que sont émises de telles propositions : les Compagnies, qui avaient d'abord
mis tout en œuvre pour éviter le vote de la loi
Rabier, ont fait ensuite tous leurs efforts pour
obtenir une jurisprudence qui leur soit quand
même favorable et elles y ont réussi, ainsi qu'on
a pu le voir par les arrêts qui ont servi de point
de départ à la proposition Delahaye... Peut-on
espérer qu'elles renonceront d'elles-mêmes au
bénéfice de la situation qu'elles ont ainsi créée
elles-mêmes volontairement? qu'elles inséreront
bénévolement dans leurs tarifs des clauses susceptibles de les empêcher de faire ce que précisément elles veulent faire? qu'elles offriront elles-
mêmes galamment aux expéditeurs des armes
pour se faire battre? Ce serait plus que de la
naïveté.

Manœuvre déjouée.

Si quelques chambres de commerce ont été
assez peu clairvoyantes pour émettre des vœux
déraisonnables comme ceux dont il vient d'être
question, d'autres en ont heureusement compris
les inconvénients. Parmi ces dernières nous avons
le plaisir de citer, après celles déjà mentionnées
plus haut, p. 17 et 18, les deux suivantes, qui ont
formellement refusé de suivre la voie dangereuse
où les engageait l'Office des transports du Sud-
Est.

La Chambre de commerce de Cette.

Dans sa séance du 24 novembre 1909 cette
Chambre, après avoir examiné la proposition de
l'**Office du Sud-Est**, d'après laquelle « on pour-
« rait se contenter provisoirement de *certaines*
« *réglementations* nouvelles » a émis l'avis « que
« pour obtenir un résultat **aussi** prompt et
« **aussi décisif** que possible le mieux est de se
« rallier au texte proposé par la Ligue de
« défense contre les chemins de fer... »

La Chambre de commerce de Besançon.

Dans sa séance du 14 décembre 1909 cette

chambre, sur le rapport de l'un de ses membres, constate que deux courants d'opinion se sont manifestés, l'un venant de notre **Ligue de défense contre les chemins de fer**, l'autre de **l'Office des transports du Sud-Est**.

Après avoir examiné le texte proposé par nous pour l'article 103 du Code de commerce et reconnu que ce texte présente « la précision désirable », le rapporteur expose que l'Office du Sud-Est trouverait « le remède à la situation « dans une modification aux tarifs des Compa- « gnies de chemins de fer » et il fait à ce sujet les fort judicieuses observations suivantes :

« Un tarif de chemin de fer étant un contrat bila- téral, il faut, outre la volonté du ministre, celle des Compagnies contractantes et je ne crois pas que ces dernières apporteraient beaucoup d'empresse- ment à proposer les modifications désirées. D'ail- leurs, l'Office est obligé d'en convenir. Sa note du 28 septembre 1909 concluait ainsi : « Au surplus, la « modification vise encore les difficultés du transport « à découvert et du bâchage et nous avons fait con- « naître que ces difficultés allaient à peu près dispa- « raître lorsque seront réalisées les modifications que « les Compagnies doivent proposer à ce sujet dans « leurs tarifs. » Mais, deux jours après, une nouvelle note de l'Office nous était communiquée, constatant que certaines gares P.-L.-M. *se retranchent cons- tamment* derrière l'arrêt du 17 mai 1909 pour refu- ser le paiement des avaries de mouille provenant de la défectuosité des bâches.

« Il semble que ce nouvel état de choses était à **prévoir** et que les Compagnies, *comme tout plai- deur* du reste, ne négligeraient pas d'invoquer la jurisprudence de la Cour de Cassation **en leur faveur.**

« Bref, la deuxième note de l'Office conclut à une modification de l'article 103 par l'addition d'un ali- néa. Cet article serait alors ainsi conçu (voir le texte plus haut, page 25, col. 2).

Le rapporteur cite ensuite et examine le texte de **l'Office du Sud-Est** et conclut en ces termes :

« Le texte de l'Office est donc **insuffisant** et comme vous en jugerez, le projet de M. le sénateur Delahaye est **beaucoup plus précis** et mérite votre approbation. Avec lui on donnera à la loi du 17 mars 1905 toute l'influence que ses auteurs avaient compté lui voir produire. »

La manœuvre de l'Office du Sud-Est contre notre texte ne paraît donc pas avoir eu plus de succès que celle qu'il fit en 1904 contre le projet Rabier, en faveur du texte, plus favora- ble *aux Compagnies*, qui avait été élaboré par le Comité consultatif.

« Il paraît sage, en résumé, disait-il alors, « d'accepter le nouveau texte avec l'espoir qu'ap- « pliqué *loyalement* par les Compagnies comme « par le public il mettra fin aux difficultés qu'a- « vait soulevées l'interprétation de l'article 31 « de la convention de Berne.. » (Page 95 du compte rendu du 1er juillet 1904.)

Tant d'espoirs sont heureusement restés sans influence sur le Sénat, qui, n'ayant sans doute pas les mêmes raisons que l'Office du Sud-Est de croire à la « loyauté » des Compagnies, a trouvé *plus sage* de voter le texte de la pro- position Rabier.

CE QU'IL FAUT FAIRE

La conclusion ci-dessus de la Chambre de com- merce de Besançon sera celle de tous les hom- mes sensés et de bonne foi véritablement sou- cieux des intérêts généraux du commerce, de l'industrie et de l'agriculture : si le bon sens et l'honnêteté française ne sont pas de vains mots, nous pouvons croire que de tels hommes seront assez nombreux au Parlement, dans les rangs des chambres de commerce et des autres corps commerciaux pour réagir contre les ten- dances contraires.

Ils ne se laisseront tromper ni par les manœu- vres des Compagnies tendant à faire échouer la proposition Dominique Delahaye, ni par les ten- tatives de diversion qui pourraient aboutir au même résultat. Ils mettront leur confiance uni- quement en eux-mêmes et, s'inspirant de l'exposé des motifs et de l'étude qui précèdent, ils ne se

fieront qu'à leurs propres efforts pour faire abou- tir la réforme nécessaire, parce qu'ils savent bien

— Que les riches ont le moyen d'avoir beau- coup d'amis ;

— Que, dans les Chambres de commerce et autres groupements, les riches Compagnies réus- sissent souvent à égarer l'opinion et à susciter des vœux ridicules destinés à rester sans effet ;

— Qu'au Parlement elles sont défendues par ceux-là même qui, occupant pour elles devant les tribunaux en qualité d'avocats, n'ont même pas la pudeur de se récuser en tant que députés ou sénateurs et de rester neutres dans les discus- sions intéressant leurs puissantes clientes ;

— Que dans la Presse quelques permis habile- ment placés obtiennent trop souvent de coupables complaisances.

Vaines promesses, vains espoirs.

On ne devra pas se fier davantage aux trompeuses promesses des Compagnies ni mettre un fol espoir dans un futur adoucissement de la jurisprudence.

On sait, d'une part, qu'à la suite de notre proposition un certain nombre de représentants des Chambres de commerce du Sud-Est sont entrés en pourparlers avec la Cⁱᵉ P.-L.-M., qui leur aurait promis de ne pas se prévaloir des arrêts de 1909 ; mais il est évident que ces promesses, d'ailleurs extra-réglementaires, n'engagent aucunement ladite Compagnie : elle les tiendra quand et comme il lui plaira, c'est-à-dire seulement vis-à-vis de ceux qu'elle a à craindre et dont elle veut en ce moment éviter les protestations ; quant à la masse des expéditeurs, ils seront traités comme devant et la Compagnie pourra toujours leur opposer une jurisprudence que rien n'aura empêché de subsister.

Il en est de même, d'autre part, des tendances libérales annoncées et que semble prête à manifester la Cour de cassation : les Compagnies, effrayées des conséquences rigoureuses qu'aurait pour elles le vote de la proposition D. Delahaye, se montreront *momentanément* moins âpres dans la défense, devant les tribunaux, de leurs prétendus droits : c'est la tactique qui avait déjà été suivie lors de la discussion de la loi Rabier. Mais, *une fois le danger passé*, elles s'empresseraient de revenir aux errements antérieurs, et, comme la Cour de cassation a, dans les arrêts que nous avons critiqués, statué en pleine connaissance de cause, il ne faut espérer aucune amélioration *réelle* et *durable* de sa jurisprudence tant que la modification du texte de l'article 103 du Code de commerce n'aura pas rendu impossible de nouvelles décisions du même genre ; au reste, comme dit un vieux proverbe : mieux vaut tenir que courir.

C'est pourquoi, chacun ayant bien compris, par la lecture de ce qui précède, l'intérêt qui s'attache au succès de la proposition de M. Dominique DELAHAYE, tous, — négociants, industriels ou agriculteurs, — s'emploieront de leur mieux en faveur du vote de cette proposition.

La crainte de l'électeur.

C'est, dit-on, le commencement de la sagesse : de même que la masse des votants peut obliger ses députés et sénateurs à « marcher » dans tel ou tel sens, de même les négociants inscrits sur les listes électorales consulaires ont, par leur bulletin de vote, un puissant moyen d'action sur les membres des Chambres de commerce qu'ils sont appelés à élire.

Aux députés et sénateurs les électeurs demanderont de réserver bon accueil à la proposition lorsqu'elle viendra devant eux ; aux Chambres de commerce, d'émettre sans retard une délibération conforme à celle ci-après de la Chambre de Bolbec.

C'est pourquoi, comme mesure à prendre immédiatement, nous engageons ceux de nos adhérents qui ne seraient pas encore satisfaits à cet égard par l'attitude de leur Chambre à adresser au président de ladite chambre une lettre ainsi conçue :

> Monsieur le président,
>
> Les 12 août et 12 novembre 1909, M. L. LAMY, directeur du *Bulletin des Transports* et de la *Ligue de défense contre les chemins de fer*, vous a adressé, avec une lettre particulière, deux brochures intitulées l'une « La loi Rabier », l'autre « Un défi », dans lesquelles était démontrée la nécessité d'apporter à l'article 103 du Code de commerce les remaniements indiqués page 11 de la première brochure ou 7 de la seconde.
>
> D'autre part, M. le sénateur DOMINIQUE DELAHAYE, ancien président de la Chambre de commerce d'Angers, ayant déposé sur le bureau du Sénat, d'accord avec la *Ligue de défense contre les chemins de fer*, une proposition de loi tendant à remanier l'article 103 précité du Code de commerce dans le sens et de la manière préconisés par cette Ligue, un certain nombre de corps commerciaux ont déjà émis des vœux en faveur de cette proposition, qui, seule, peut sauvegarder nos intérêts si gravement compromis par la jurisprudence de la Cour de cassation.
>
> Nous vous serions bien obligé de nous faire savoir si notre Chambre de commerce s'est occupée de cette question, quel a été, le cas échéant, le résultat de son étude, et enfin si elle a émis un vœu ou pris une délibération tendant à obtenir les modifications proposées.
>
> « Ci-joint un timbre pour la réponse.
>
> « Veuillez agréez, Monsieur le Président, etc. ».

Vœu à émettre

Les corps commerciaux saisis de la question et poussés, s'il est nécessaire, par l'insistance de leurs mandants, de la manière que nous venons d'indiquer, devront, s'ils veulent faire œuvre vraiment utile aux intérêts qu'ils représentent, émettre un vœu analogue à celui ci-après qu'a pris la Chambre de commerce de Bolbec à la date du 11 décembre 1909 :

« Examinant la question de la responsabilité des voituriers en matière de transports ;

« La Chambre, après en avoir délibéré :

« Vu les modifications apportées à l'article 103 du Code de commerce par la loi Rabier du 17 mars 1905 ;

« Vu les arrêts de la Cour de cassation des 17 mai et 7 juillet 1909 ;

« Emet le vœu que le projet de loi suivant, déposé sur le bureau du Sénat par M. D. Delahaye, soit adopté et que l'article 103 du Code de commerce soit ainsi modifié : (*Suit le texte publié à la page 9*).

. . . .
« La Chambre décide qu'un extrait de cette délibération sera adressé à M. le Ministre du Commerce, à M. le Ministre des Travaux publics et à M. D. DELAHAYE, SÉNATEUR. »

(*Suivent les signatures.*)

Grâce au moyen que nous leur avons suggéré nos adhérents pourront savoir au moins de quelle manière sont défendus — ou abandonnés — leurs intérêts et ce sera pour eux une première satisfaction.

Mais il y a mieux à faire : en nous communiquant les réponses qu'ils auront reçues, ils nous mettront à même de signaler à la reconnaissance publique ceux des corps commerciaux, industriels et agricoles qui défendent les intérêts du Public et de clouer les autres au pilori ; outre le bon exemple qui résultera de cette publication nous pourrons plus utilement, par un effort commun, agir en vue du succès final.

Le Directeur de la Ligue de défense contre les chemins de fer,

L. LAMY.

LIVRE D'OR DE LA LIGUE DE DÉFENSE

HOMMAGES ET FÉLICITATIONS

I. — AU SÉNAT

Au cours de la discussion de la proposition RABIER sur la responsabilité des transporteurs pour pertes et avaries

Séance du 23 décembre 1904

M. Richard Waddington........ Permettez-moi de citer à cet égard l'opinion d'un homme qui n'est pas suspect en pareille matière, **M. Lamy**, dont on peut ne pas partager les opinions sur toutes les questions de transport, mais dont *personne ne niera la compétence* en pareille matière.

M. Dominique Delahaye. Vous avez bien raison : c'est l'homme *le plus compétent* de France.

M. Richard Waddington. Je n'en dirai peut-être pas tout à fait autant de son impartialité, parce que, tout en reconnaissant sa compétence, je le considère comme *trop adversaire* des grandes Compagnies.

Séance du 23 décembre 1904 (Suite)

M. Dominique Delahaye. Vous avouerez que je ne suis pas, moi, l'adversaire des Compagnies,

M. Richard Waddington. Voici ce que disait **M. Lamy** en 1900 : « Sous la pression de l'opinion publique, les décisions de 1898 ont dû être revisées ; de nouvelles décisions, du 27 octobre 1900, ont simultanément *abaissé* le taux des frais accessoires fixé par les décisions de 1898 et *aggravé* la responsabilité des Compagnies en substituant à l'ancienne clause de non-garantie, conçue en termes généraux, les articles 31 et 32 de la Convention de Berne. »

(Journal officiel du 24 décembre 1904, page 1112, col. 1.)

II. — DANS LES CORPS COMMERCIAUX

Au sujet d'un projet d'établissement, à Paris, d'un **Office de transports**, sous le contrôle des Chambres de commerce et la direction de **M. L. Lamy.**

..... Pour tenir ce bureau, il faut un chef, me direz-vous ?

Nous l'avons, monsieur et cher collègue, et il n'attend que votre adhésion pour se mettre à l'œuvre.

Ses preuves ? il les a faites au service de nos intérêts.

C'est **M. L. Lamy**, directeur du *Bulletin des Transports*, soit dit sans aucune pensée de vous l'imposer.

Si quelqu'un m'objectait que cet écrivain ayant vivement combattu les Compagnies, un peu plus de modération serait souhaitable, je lui répondrais : l'ardeur au combat est le fait d'un vaillant soldat. . . . . . .

. . . .

Il nous faut des hommes compétents, intègres et résolus pour nous aider à remplir notre mission. *J'ai cru, à des accents et à des actes qui ne trompent pas*, avoir trouvé notre Chef de service et je vous le propose, etc.... (Extrait d'un projet présenté le 12 avril 1899 aux Présidents des Chambres de commerce de France, par M. Dominique Delahaye, aujourd'hui sénateur de Maine-et-Loire.)

CHAMBRE
de Commerce
de Brest

Séance du 10 janvier 1901.

M. le Président..... J'ai eu recours à l'inépuisable obligeance de M. Lamy, directeur du *Bulletin des Transports*, le défenseur trop peu apprécié et connu des intérêts commerciaux.

J'ai échangé avec lui une correspondance importante et son concours me permet de vous présenter aujourd'hui le rapport dont je vais vous donner lecture.

Quand vous l'aurez entendu je vous demanderai l'autorisation d'adresser à **M. Lamy** les remerciements officiels qu'il aura mérités par son dévouement et son abnégation. *(Approuvé à l'unanimité)*. (Extrait d'un rapport présenté à la Chambre de commerce de Brest par son regretté Président, M. Marfille, président du tribunal de commerce.)

A l'Assemblée des Présidents des Chambres de commerce du 2 octobre 1899 :

« M. le Président. — Vous voyez qu'on prend dans ce rapport la défense des intérêts du Commerce. On pourrait remettre ce document au Ministre du Commerce, et ultérieurement au Ministre des Travaux publics.

M. le Vice-Président de Lyon. — J'appuie les conclusions de ce rapport.

M. le Président. — **M. Lamy**, qui en est l'auteur, est un homme extraordinaire à qui j'ai demandé ce travail samedi à 5 heures du soir et qui me le remettait le lendemain à la même heure. **C'est peut-être l'homme de France qui connaît le mieux les questions de chemins de fer** ; cet homme m'a séduit par l'étendue et la profondeur de ses connaissances en matière de tarifs.

Il y a peut-être un homme meilleur, mais moi je n'en connais pas. Il veut faire un rapport plus étendu et l'envoyer, *à ses frais*, à toutes les Chambres de commerce et aux cent membres du Comité consultatif. J'étais charmé d'avoir à vous proposer un homme pareil, **avec lequel nous ferions faire aux Compagnies des progrès étonnants.**

CHAMBRE DE
Commerce Française
96, rue du Rhône, 96

Genève, le 9 juillet 1906.

Monsieur L. LAMY, Directeur de la Ligue de défense contre les chemins de fer, Paris.

Notre Chambre de Commerce ayant décidé de s'inscrire en qualité de Membre adhérent à la « Ligue de défense contre les chemins de fer » afin de pouvoir bénéficier des avantages qu'elle offre et encourager une œuvre qui rend de si précieux services au commerce et à l'industrie, nous avons l'honneur de vous prier de faire commencer cette inscription à partir du 1er juillet.

Vous recevrez un mandat international de 22 francs pour la cotisation annuelle du 1er juillet 1906 au 30 juin 1907.

Veuillez agréer, Monsieur le Directeur, l'assurance de notre considération la plus distinguée.

(Voir, en outre, dans le corps de la présente brochure p. 17 et 18)

III. — DANS LES TRIBUNAUX

Jugement du tribunal de commerce de St-Etienne du 30 octobre 1907.

Le tribunal.

. . . .

« Dit en conséquence que pour fixer l'importance des sommes diverses dont la Cie assignée est appelée à faire la restitution (21.382 fr. 60), comme constituant un trop perçu par suite de la fausse application du tarif P. V. N° 9, les parties sont renvoyées devant **M. Lamy**, demeurant à Paris, rue Jacquemont, 8, lequel, serment préalablement prêté devant M. le juge de paix du canton de son domicile ou le Juge de paix suppléant appelé à suppléer ce magistrat en cas d'empêchement ou d'absence, se fera remettre par M. Limousin tous les titres de transport sur lesquels porte sa réclamation, fera sur chacun de ces titres en vue de l'établissement de la taxe du transport, etc., etc...

« Pour ensuite du rapport de **l'expert** qui sera déposé au greffe, être par les parties conclu et par le Tribunal statué ce que de droit » *(Affaire Limousin contre Cie P.-L.-M.)*

Jugement du tribunal de commerce de Quimper du 16 mars 1909.

Le Tribunal,

Avant autrement faire droit à la demande, désigne comme expert **M. Lamy**, demeurant, 8, rue Jacquemont, à Paris lequel préalablement prêté serment devant le tribunal de commerce de la Seine, à moins que les parties intéressées l'en dispensent, aura pour mission d'établir en se rapportant aux tableaux de service officiels de l'époque à quelle date aurait dû parvenir à Douarnenez et être mis à la disposition du destinataire le wagon réfrigérant de ..... expédié par Monsieur l'H..., de D..., le 9 décembre 1908 et remis à la gare *expéditrice* à 6 heures du soir (en se conformant aux conditions du tarif demandé G. V. 114)

Dit que **l'expert** devra répondre à ces questions dans un rapport qui sera adressé sous pli recommandé au greffe du tribunal de commerce de Quimper ;

Dépens réservés *(Affaire Aug. C... contre Compagnie d'Orléans.)*

MANUEL PRATIQUE DES TRANSPORTS

(7ᵉ édition, de 1909)

Ouvrage de 437 pages in-8° broché

HONORÉ D'UNE SOUSCRIPTION DU MINISTÈRE DES TRAVAUX PUBLICS, DES POSTES ET DES TÉLÉGRAPHES

Par L. LAMY ✪ A.

DIRECTEUR DU BULLETIN DES TRANSPORTS ET DE LA LIGUE DE DÉFENSE CONTRE LES CHEMINS DE FER

OPINIONS DE LA PRESSE SUR CET OUVRAGE

Du « Bulletin des Transports Internationaux »
(Sur la 3ᵉ édition).

« Appelé depuis de longues années à soutenir les intérêts de nombreux clients du monde commercial et industriel et comme directeur du *Bulletin des Transports,* journal technique bien connu, l'auteur a eu l'occasion d'acquérir une expérience qui, **grâce aussi à ses connaissances du droit,** le qualifie pour la publication d'un tel ouvrage.» *(Numéro de juin 1901.)*

Du Journal « La Loi »
(Sur la 5ᵉ édition).

..... Le *Manuel* de M. L. Lamy n'est pas seulement dans de bonnes proportions, aussi éloigné des traités trop savants que des *vade-mecum.* Il est surtout écrit par un spécialiste, qui a consacré sa vie à une sorte de combat, qui lutte ardemment contre les grandes Compagnies, mais **qui n'en sait pas moins conserver tout son sang-froid** quand se présente une question de droit ou qu'il doit examiner les données de la jurisprudence... *(Numéro du 14 février 1906.)*

Du « Bulletin des Transports Internationaux »

...... M. Lamy est bien connu par son énergie et son habileté à faire valoir les droits des expéditeurs et des destinataires contre les Compagnies de chemins de fer. Il apporte dans la défense des intérêts dont, il s'est fait le champion une ardeur peut-être un peu agressive, mais dont on ne saurait nier l'efficacité en maintes circonstances. Lui et la Ligue qu'il dirige ont combattu au premier rang en faveur de la loi Rabier, etc... *(Numéro de février 1906, pages 73 et 74.)*

De la « Gazette Judiciaire et Commerciale de Lyon »
(Sur la 6ᵉ édition).

.... A ce titre nous recommandons à nos lecteurs le *Manuel pratique des transports par Chemins de fer, voyageurs, marchandises, colis postaux,* par M. L. Lamy. L'ouvrage peut s'autoriser de la notoriété que son auteur s'est acquise dans ces questions par un travail persévérant. Depuis plus de vingt ans, le directeur du *Bulletin des Transports* et de la *Ligue de défense contre les Chemins de fer* a mis son expérience au service des commerçants et du public. Quelques-uns ont pu penser qu'il apportait, dans ses revendications, *un zèle ardent pour la cause de ses clients,* tous ont constaté qu'il *connaissait les détails les plus compliqués de ce sujet difficile.* Dans une discussion technique devant le Sénat, le 23 décembre 1904, deux des membres de la haute assemblée ont invoqué l'autorité de ce spécialiste.

.... Cet ouvrage a une **haute valeur personnelle** ; il suffit, pour s'en convaincre, de consulter trois études qui constituent des articles remarquables par la vigueur de leur discussion et intéressants par leurs conclusions qui détruisent *des préjugés* que le public a souvent acceptés avec trop de résignation. Nous voulons désigner : 1° la responsabilité des Compagnies en matière *de bâchage,* depuis la loi du 17 mars 1905 (*Manuel,* p. 62 à 78); 2° *les colis postaux,* de leur réglementation et des réclamations que les intéressés ont le droit de formuler, en dépit de l'opinion contraire généralement répandue (p. 304 à 340); 3° enfin, un commentaire très complet de la *Convention de Berne,* du 14 octobre 1898, qui forme actuellement le Code des transports internationaux. *(Numéro du 11 janvier 1908.)*

Du « Bulletin des Transports Internationaux »
(Sur la 6ᵉ édition).

La rapidité avec laquelle se succèdent les éditions de cet ouvrage est la meilleure preuve qu'il répond à un véritable besoin. Il faut reconnaître aussi que chaque édition nouvelle constitue un progrès sur la précédente. Celle-ci contient plus de cent pages de plus que celle de 1905 et traite à fond deux questions qui avaient été seulement effleurées précédemment, la responsabilité des chemins de fer pour les *retards des colis postaux* et le *bâchage des wagons.*

En ce qui concerne le premier point l'auteur s'attache à démontrer qu'aucune loi spéciale ni aucune convention **n'interdit actuellement** l'allocation d'indemnités pour le *retard des colis postaux,* et qu'il y a lieu de faire à cet égard simplement application des principes du droit commun...

Quant à la question du bâchage des wagons découverts, elle a pris un intérêt particulier depuis que la loi du 17 mars 1905 a déclaré nulles de plein droit les clauses de non-garantie insérées dans les tarifs spéciaux. Depuis cette loi, dit M. Lamy, il y a présomption de responsabilité contre le transporteur en cas d'avarie de la marchandise, même si le bâchage doit être effectué par l'expéditeur, d'après le tarif appliqué ; le transporteur ne peut s'exonérer de cette responsabilité qu'en prouvant le *vice propre ou la force majeure ;* il répond des bâches fournies par lui, même gracieusement, comme de la non étanchéité de la toiture des wagons couverts. **De nombreux jugements, de date récente, ont été rendus dans ce sens.**

Les difficultés relatives à la demande et à la fourniture des wagons vides, qui ont donné lieu à de graves procès dans ces derniers temps, ont aussi été exposées avec de grands détails, dans le même esprit de défense des intérêts du public et de lutte contre les administrations de chemins de fer. D'une façon générale, on peut dire que le *Manuel pratique* contient un véritable arsenal d'arguments à l'usage des personnes qui ont des litiges avec les chemins de fer. *(Numéro de janvier 1908, pp. 32 et 33.)*

Prix de l'ouvrage 6 francs, port compris

Adresser les demandes, avec mandat-poste, à l'auteur, 8, rue Jacquemont, Paris

Poitiers. — Imp. Blais et Roy.